당신의 100세,
존엄과 독립을 생각하다

경험하지 못한 미래, 100세를 살 준비

당신의 100세
존엄과 독립을 생각하다

HOLY
Aging

박상철 지음

KOREA.COM

차
례

들어가며 '노화'는 생명 보존 위한 생존 전략 »8

PART 1
당당한 현역 100세인들을 만나다

CHAPTER 1 마스터스 경기 대회 100세급 이상에서 쏟아지는 기록들 »20

CHAPTER 2 무한 경쟁에서 활약하는 현역 100세인 사업가들 »24

CHAPTER 3 100세에도 배움에 정진하는 무제한 자기계발 »35

CHAPTER 4 도움받을 나이에 오히려 남을 위해 봉사하는 100세인 »43

CHAPTER 5 원로 학자의 끝나지 않은 탐구심과 책임감 »49

[100세를 위한 준비 1]
당신이 처음 경험하게 될 미래를 직시하라

1. 장수에 가장 필요한 것은 진정한 인간관계 »58

2. 평균 수명이 높은 지역의 특징 »61

3. 노화 속도는 사람마다 다르다 »65

4. 100세인의 공통 특징은 긍정적인 마음 »69

PART 2

지금 100세를 살고 있는 사람들의 자화상

CHAPTER 1 100세가 넘어도 당당한 지혜 »72

CHAPTER 2 100세인의 기다림과 그리움 »84

CHAPTER 3 100세까지 계속 움직이게 만드는 동력 »97

CHAPTER 4 고독을 이겨 내는 100세인의 우정 »106

CHAPTER 5 100세에도 여전한 흥과 감성 »111

CHAPTER 6 혼자 살아도 외롭지 않은 100세인 »123

CHAPTER 7 신앙의 힘으로 위로받는 100세인 »130

CHAPTER 8 마음속 한 품은 채 100세까지 함께 산 부부들 »136

CHAPTER 9 운명에 순응하고 체념하는 100세인의 모습 »140

CHAPTER 10 죽음을 담담하게 기다리는 100세인 »147

[100세를 위한 준비 2]

100세를 맞을 당신이 지금 해야 할 것들

1. 건강 장수를 위한 기본 원칙 3강 »152

2. 100세를 준비하는 행동강령 8조목 »157

3. 무엇을 어떻게 먹을 것인가? 세계의 장수 식단 »163

4. 운동과 숙면은 보약 중 보약 »171

PART 3

초고령인에게 남아 있는 '관계'의 모습

CHAPTER 1 합해서 200세 넘은 부부들 »180

CHAPTER 2 일편단심 사랑은 100세까지 진행형 »187

CHAPTER 3 100세 부모 모시는 칠팔십 된 자식들 »196

CHAPTER 4 여전히 늙은 자식을 챙기고 사는 100세인들 »202

CHAPTER 5 100세를 사는 시어머니와 며느리 관계 »207

CHAPTER 6 며느리의 희생으로 유지된 초고령자 부양 »213

CHAPTER 7 혼자 사는 100세인의 고독 »221

CHAPTER 8 늘고 있는 독거노인과 버려지는 노인 »226

CHAPTER 9 가족이야말로 초고령 사회의 등불 »232

CHAPTER 10 20년 동안 장수 패턴이 얼마나 달라졌나? »240

[100세를 위한 준비 3]
나이듦에 대한 인식을 바꾸라

1. '에이지퀘이크', 공포로 받아들일 것인가? »248

2. 존엄한 노화를 위한 인식과 행동 개혁 »254

3. 도시와 농촌 초고령자들의 다른 삶 »258

4. 언제나 현재에 충실한 삶 »267

나가며 노인 독립 운동을 기대한다 »271
저자의 주요 저서 및 보고서 »278

'노화'는 생명 보존 위한
생존 전략

노화는 세포가 증식 대신 생존 선택한 거룩한 생명 현상

인간에게는 다른 동물과 달리 사람의 죽음을 엄숙하게 여기는 문화가 이어져 왔다. 인간은 함께 살아온 가족이나 친구 혹은 이웃이 죽으면 그냥 방치하지 않고 장례 의식을 치렀다. 장례 절차를 진행하면서 자연스레 죽은 사람의 일생에 대해 이야기를 나누었고, 죽음 이후의 세계에 대하여 속삭이면서 신화를 빚기도 했다. 이러한 이야기와 신화들이 철학이나 종교로 이어지면서 삶의 의미와 존엄성을 부각시켜 왔다.

인류에게 죽음이란 시간 한계의 표상이었다. 늙으면 죽게 된다는 당연한 귀결을 전제로, 노화도 죽음으로 가는 과정일 뿐이고 죽음의 이전 단계라는 시각으로만 바라보았다. 따라서 노화와 죽음은 그저 운명적으로 받아들여야 하는 과정이라고 여겼고, 그렇기에 결코 능동적이거나 긍정적인 개념으로 접근할 수 없었다.

나는 생명 현상을 연구하는 생화학을 전공했고, 그중에서도 전문

연구 분야는 암이었다. 나는 암세포를 연구하던 중, 젊은 세포보다 늙은 세포의 적응력과 생존력이 더 높다는 색다른 연구 결과를 얻게 되었고, 이를 계기로 노화 연구에 본격적으로 발을 들여 놓게 되었다.

세포는 외부 스트레스를 받으면 사멸하는데, 이때 늙은 세포가 젊은 세포보다 더 강한 저항성을 가지고 있음을 발견한 것이다. 젊은 세포와 늙은 세포를 대상으로 각각 자외선도 쏘여 보고, 화학 물질 처리도 하는 등 다양한 자극을 주고 반응을 비교해 보았다. 저강도 자극을 주었을 때 젊은 세포는 반응했지만, 늙은 세포는 반응하지 않았다. 그러나 고강도 자극을 주었을 때 젊은 세포는 반응하다 죽어 버린 반면, 늙은 세포는 반응이 낮은 대신 죽지는 않았다. 처음에는 이 결과가 믿기지 않아 2년 동안 같은 실험을 반복해 보았지만 결과는 동일했다.

이에 대해 학회에서는 개체가 아닌 세포로 실험했기 때문에 그러한 결과가 나왔다고 반박하였다. 나는 다시 개체 수준에서의 실험을 진행하였다. 젊은 쥐와 늙은 쥐의 복강에 독성 화학 물질을 각각 투입해 간 조직의 세포 손상을 비교한 실험이었다. 이 실험에서도 역시 젊은 쥐보다 늙은 쥐의 간 조직 세포들의 사멸 정도가 현저하게 낮았다. 이 실험의 결과는 노화가 단순히 죽음으로 가는 과정의 전 단계가 아니라는 사실을 말해 주고 있었다. 나는 실험을 통해 확인한 결과를 가지고 노화를 죽음으로 가는 과정이 아니라 오히려 죽음에 대한 저항 과정으로 정의하면서, 노화에 대한 새로운 개념을 주장하였다. 노화는 세포가 증식을 포기하는 대신 생존을 선택한 거룩한 생명 유지 현상의 일환이라는 사실이다.

이 책을 읽는 당신도 100세를 살게 된다

노화를 연구하면서 여러 궁금증이 생겼다. 사람이 늙으면 생체 기능이 점점 저하되는데, 생의 마지막 순간에 필요한 최소한의 생리

기능 또는 생명 활동은 무엇일까? 100세에도 온전한 삶을 유지하고 인간으로서의 존엄성을 지키며 행복할 수 있는가? 이러한 질문에 답을 찾기 위해 한국의 100세인 연구를 시작하게 되었다.

2001년부터 통계청 자료를 들고 본격적으로 100세인 조사를 시작하였다. 처음에는 의료진만으로 방문 연구를 시작했지만 탐방이 길어지면서 심리학 · 인류학 · 지리학 · 생태학 · 가족학 · 사회복지학 · 식품영양학 교수 등 다양한 분야의 연구진이 함께했다. 전국 방방곡곡 첩첩산중 어디든 찾아갔다. 그래서 많은 100세인을 만났고 다양한 조사를 할 수 있었다.

100세인 조사를 하는 과정에서 19세기에서 21세기까지 3세기에 걸쳐 살아온 100세인들도 만날 수 있었다. 우리나라 이름이 무엇이냐는 질문에 아직도 '조선'이라고 답하는 이들도 있었다. 그들은 역사의 격동기이던 한말의 혼란과 일제의 탄압, 광복 후의 한국전쟁을 모두 겪어 낸 이들이었다.

100세인 대부분은 특별한 질병이 없는 상태였고, 희로애락의 감정을 토로하며 열정적인 삶을 살고 있었다. 생의 마지막까지 한 치의 부족함도 없이 온전하고 성실하게 삶을 영위하는 모습을 보며 생명의 거룩함을 느끼지 않을 수 없었다.

100세인 조사를 시작한 20여 년 전만 해도 100세 시대는 먼 미래로 여겨졌고, 100세를 사는 것이 화제가 되던 때였다. 그러나 지금은 100세 시대가 현실이 되었다. 이 책을 읽는 독자들도 대부분은 100세를 살게 된다. 그야말로 우리가 경험해 보지 못한 세상을 맞게 되는 것이다. 이에 먼저 100세를 산 사람들의 이야기를 통해 자신의 100세 인생을 그려 보고, 몸과 마음을 준비하는 것은 매우 중요한 일이 될 것이다.

호모 헌드레드 시대, 노화에 대해 다시 생각하다

지금까지 인간의 노화를 설명하는 수많은 이론이 있었다. 그리고 실천적 개념으로는 세계보건기구(WHO)를 중심으로 건강하게 늙기를 강조하는 건강 노화(Healthy Aging), 나이가 들어도 적극적인 활동을 촉구하는 활동적 노화(Active Aging), 신체 건강과 사회 활동을 유지하며 경제적인 대비도 하자는 성공적 노화(Successful Aging) 등이 있다. 최근에는 첨단 기술을 활용하여 노년의 생활을 편리하고 효율적으로 만들자는 스마트 에이징(Smart Aging)이라는 새로운 개념이 등장하였다.

그러나 이러한 개념들은 젊은 시절부터 노력하여 노년에도 건강하고 활동적이며 경제적으로도 여유 있고 사회적인 위상을 갖추기를 강조하는 것으로, 외형적인 결과와 성과를 중시하는 생각이 바탕을 이루고 있다. 따라서 이들 이론을 강하게 주장하면 할수록 나이 들면서 위축되고 여유가 없어져 가는 사람들에게는 오히려 좌절감을 주고 소외되는 부정적인 영향을 미칠 수 있다.

고령화가 매우 가파른 속도로 진행되는 이 시점에 노화 현상에 대한 인식을 바로잡고 삶에 끊임없이 도전하는 마음을 갖도록 하기 위해서는 보다 강력한 개념 정립이 필요하다는 생각이 들었다.

인간은 장례 의식을 통해 죽음을 마지막이 아니라 다음 세상으로 이어지는 과정으로 여기며 생명의 연속성을 믿어 왔다. 그리고 이제는 노화가 그저 죽음으로 가는 과정이 아니라 생존을 선택하여 삶을 유지하려는 거룩하고 절실한 생명 활동임이 밝혀졌다. 100세인을 만났을 때 그분들이 보여 준 적극적인 삶의 태도와 생명을 소중히 지키려는 의지를 보면서 인생의 존엄을 느끼지 않을 수 없었다.

당당하게 생명을 지켜 나가는 이들의 모습을 통하여 노화란 초췌해지고 쇠퇴되어 뒤안으로 밀려나는 것이 아니라 앞에 나서서 적극적으로 삶을 살아나가는 모습임을 보게 되었고, 이를 새롭게 '거룩한 노화(Holy Aging)'라고 정의해 보고자 한다. '거룩하다'라는 용어의 사전적 의미는 '위대하다', '성스럽다', '뜻이 매우 높다' 등이다. 100세인들이 오랜 세월의 풍상을 이겨 내고 당당하고 성실하게 살고 있는 모습은 그 자체로 생명의 위대함, 범접할 수 없음, 귀중함을 드러낸다.

성경의 레위기에서도 하나님이 모세에게 이렇게 말씀하셨다. "너희의 하나님인 나 주가 거룩하니, 너희도 거룩해야 한다"(레위기 19장 2절). 또 다른 레위기 구절에서는 "백발이 성성한 어른이 들어오면 일어서고, 나이 든 어른을 보면 그를 공경하여라"(레위기 19장 32절)라고 되어 있다. 사람은 거룩해야 하고, 노인은 공경받아야 함을 강조하면서 나이듦의 거룩함을 강조한 것이다.

이러한 목적으로 원고를 정리하면서 '거룩한 노화'의 의미를 부각하기 위해 과학적인 자료와 증거로 설득하는 것보다는 실제 100세인들의 삶의 모습과 삶에 대한 자세를 사례로 보여 주는 것이 보다 효과적이라고 생각하였다.

파트 1에서는 내가 직접 만나 본 100세인 중에서 사업, 교육, 봉사, 스포츠 및 자기계발 등에서 현역으로 활발하게 활동하고 있는 분들을 소개하였다. 100세가 넘어도 당당한 이들의 모습이 그대로 전달되어 공감을 이루기를 바라는 마음 가득하다.

파트 2에서는 100세인들도 사단칠정을 가진 당당한 존재임을 강조하였다. 기쁘고 화내고 슬프고 두려워하고 사랑하고 미워하고 욕심내는 것이 젊은 사람들과 다르지 않은 보통의 인간임을 알리고자 하였다. 100세인이 특별한 부류의 사람이 아니라 보통의 우리네 모습과 같다는 의미다.

파트 3에서는 삶의 가장 핵심인 가족 문제를 제기하였다. 100세 장수인의 삶에서 가족의 중요성은 아무리 강조해도 부족하다는 것을 알리고 싶었다. 최근 우리 사회의 가족 제도가 크게 변화하고 있어 안타깝고 아쉬운 마음으로 정리하였다. 부부 관계, 자식 관계, 형제자매 관계에 대해서, 그리고 혼인으로 맺어진 인연의 엄중함을 본 대로 느낀 대로 소개하였다.

각 파트 사이에는 이제 초고령화 시대를 살아가게 된 독자들에게 필요한 노화 관련 중요 정보는 물론 마음가짐, 생활문화의 방향성에 대해 이야기하였다.

그동안 100세인 연구를 추진해 온 근본적인 목적은 생물학적인 노화 현상을 밝히고 보다 건강하고 행복하게 살 수 있는 방안을 강구하는 데 있었다. 그런데 100세인들의 삶을 조사하면서 인문사회적 시스템인 전통과 문화가 매우 중요함을 깨달았고, 미래 사회의 초고령화를 대비하기 위해서는 노화와 노인에 대한 인식 개혁이 시급하다는 점을 느꼈다. 이제 나이듦의 가치와 노인의 존엄함에 대해 다르게 생각해 보아야 할 시점이다. 생명의 소중함과 존엄함을 새기면서 우리도 나이듦, 늙음을 맞아야 하지 않을까?

그렇다. 생명이란 거룩한 것이기에, 나이듦도 거룩한 노정이 아닐 수 없다.

— 박 상 철

PART 1

당당한 현역

100세인들을

만나다

CHAPTER 1

마스터스 경기 대회 100세급 이상에서 쏟아지는 기록들

체력을 비교하고 경쟁하는 각종 경기 대회는 올림픽대회를 비롯하여 세계 도처에 수많은 대회가 있다. 대부분의 스포츠 대회는 연령에 상관없이 최고 기록을 경합하는 대회인 만큼 주로 20대 청년들이 각종 대회의 메달을 석권할 수밖에 없다. 더러 30대 또는 40대가 입상하면 특별한 뉴스가 되고는 한다. 이런 상황에서 연령에 따른 체력 저하를 인정하고 각종 경기를 연령대별로 경쟁하는 것이 보다 정당하다고 생각한 사람들이 '세계 마스터스 경기 대회'라는 이름으로 연령대별 경기 대회를 개최하기 시작하였다.

마스터스 경기 대회는 1966년에 미국 샌디에이고의 변호사 출신 데이비드 페인(David Pain)이 참가 연령을 40세 이상으로 제한한 트랙과 필드 경기를 개최하면서 시작되었다. 1968년 제1회 미국 마스터스 챔피언(US National Masters Championship) 대회가 열렸고, 이후 미국과 캐나다가 함께 개최하였으며, 유럽과 남미로 확대되었다. 1975년 캐나다 토론토에서 세계 대회를 처음 개최하였고, 1977년 세계베테랑경기연맹(World Association of Veteran Athletes, WAVA)

을 구성하였으며, 2001년부터 세계마스터스육상연맹(World Masters Athletics)으로 공식 명칭이 변경되었다.

　마스터스 경기 대회는 2년마다 세계 대회로 열리고 있다. 35세 이상으로 출전이 제한되어 있으며, 연령은 35세부터 시작하여 5세 단위로 35세, 40세, 45세 …… 95세까지 있었는데 최근에는 100세, 105세급까지 신설하여 구분하였다. 각 연령별 트랙 경기로는 100m, 200m, 400m, 800m, 1500m 등의 달리기가 있고, 필드 경기로는 높이뛰기, 장대높이뛰기, 멀리뛰기, 삼단뛰기, 포환던지기, 웨이트던지기, 창던지기, 해머던지기, 원반던지기 등 여러 경기가 포함되어 있다.

　이와 같은 프로그램이 특별한 이유는 100세급에서 각종 기록이 나오고 있기 때문이다. 백 살 넘은 분들이 선수로 참가하여 경쟁하게 된 것이다. 100세급 100m 경기 기록은 미국의 도널드 펠만(Donald Pellmann)이 26.99초, 105세급으로는 폴란드의 스타니슬라프 코발스키(Stanislaw Kowalski)가 34.5초의 기록을 갖고 있다. 100세급의 참여도 놀랍지만 105세급도 단거리 달리기 경주에 참여하였다는 사실은 엄청난 일이 아닐 수 없다. 마라톤에서는 영국의 파우자 싱(Fauja Singh)이 8시간 25분 17초의 기록으로 완주하였다. 높이뛰기 100세급에서는 미국의 도널드 펠만이 0.9m를, 삼단뛰기는 이탈리아의 주세페 오타비아니(Giuseppe Ottaviani)가 3.54m를, 해머던지기는 미국의 트렌트 레인(Trent Lane)이 11.32m를, 창던지기는 일본의 다카시 시모카와라(Takashi Shimokawara)가 12.42m를, 5000m 경보는 남아 프리카공화국 필립 라비노비츠(Philip Rabinowitz)가 47.59분을 기록했다.

　여성도 마찬가지로 마스터스 경기 대회에서 수많은 경쟁 기록을 내고 있다. 예를 들면 여성 100세급 100m 달리기에서는 미국의 줄리아 호킨스(Julia Hawkins)가 39.62초, 호주의 루스 프리스(Ruth Frith)는 포환던지기에서 4.48m, 원반던지기에서 9.3m, 해머던지기에서 11.3m, 창던지기에서 6.43m, 웨이트던지기에서 4.88m 등의 다양한 종목에 기록을 세우기도 했다.

　이런 100세인의 적극적인 참여에 의한 스포츠 경연에서의 기록들은 계속 갱신되고 있다. 비록 20~30대 젊은 선수들의 올림픽 기록에 비하면 낮은 편이지만, 백 살이 넘어서도 경연에 참여할 만큼 강한 의지를 가지고 있다는 점이 놀랍다. 또한 이러한 경쟁을 위하여 연습과 훈련을 지속하고 있는 점은 특별한 관심을 기울일 만하다.

　안타깝게도 아직 우리나라에는 이러한 노년층의 마스터스 경기 대회가 널리 알려지거나 시행되지 못하고 있다. 일부 지역에서 중장년을 대상으로 대회를 펼치기도 하지만 100세인급 같은 초고령인의 경연은 아직 엄두를 내지 못하고 있다.

　그러나 우리나라 100세인 조사에서도 팔굽혀펴기 100회를 거뜬히 하는 분, 날마다 지게를 메고 밭에 나가 일하는 분, 새벽마다 자전거 타고 돌며 동네일에 참견하는 분들을 만날 수 있었다. 이런 분들은 제도적인 경기 시스템에 익숙하지 않고 그런 기회가 없었기 때문이지 체력적으로는 세계 마스터스 경기 대회에 참가할 만한 충분한 경쟁력을 갖추고 있다고 본다. 적어도 '100세인 현상(centenarian phenomenon)'이 세계적 흐름임에 비추어 우리나라 100세인들도 이런 국제적 스포츠 경기에 당당하게 참여하여 장수 한국의 진면목을 과시할 날이 빨리 오기를 기대해 본다. 그러기 위해서는 국가 또는 지역 사회에서 이런 프로그램을 운영하면서 적극 홍보하고 지원하는 일이 필요하다.

인구 고령화가 가속화되면서 연령차별주의(ageism)적인 사고가 트렌드화되고 노화에 따라 신체 능력이 저하되는 것을 폄하하는 분위기가 만들어지는 상황에서, 마스터스 경기 대회의 개최는 특별한 의미가 있다. 체력 경기를 연령대급으로 구분하여 같은 연령대 내에서 경쟁함으로써 서로 다른 연령대가 직접 충돌하거나 비교당하는 것을 방지할 수 있어 연령대별로 고유성과 정체성을 가지는 데 도움이 될 수 있다.

마스터스 경기 대회의 또 다른 의미는 아무리 나이가 들었어도, 심지어 100세가 넘었을지라도 남들과 당당하게 경쟁하기 위하여 훈련하고 노력할 수 있다는 면모를 보여 주는 것이다. 나이에 상관없이 어떠한 노력도 할 수 있고 어떠한 경쟁도 가능하다는 것은 생명의 무한한 가능성과 소중함의 의미를 보다 깊게 새겨 줄 수 있다. 나이 들었다는 사실이 스스로를 사회에서 소외시키거나 일 앞에서 망설이는 명분이 될 수 없음을 마스터스 경기 대회를 통해 분명하게 알 수 있다.

CHAPTER 2
무한 경쟁에서 활약하는 현역 100세인 사업가들

<u>백 살 정도의 나이가 되어서도</u> 무한 경쟁의 사업 현장에 직접 나서서 일할 수 있을까? 이러한 의문이 드는 이면에는 칠팔십 대도 아니고 백 살이란 나이는 죽음을 바로 앞에 둔 노쇠한 상태의 인간이라는 가정이 자리잡고 있다.

외국에서는 백 살이 넘어서도 현역에서 일하는 사람들의 이야기가 간혹 뉴스에 소개되긴 하지만, 그때마다 반신반의하지 않을 수 없었다. 정말 백 살이란 나이에 인지 능력이 온전하고 활동 능력을 제대로 유지하여 젊은 사람들과 경쟁하는 삶을 살 수 있을까? 이런 의구심에 기본적으로 100세인의 활동적인 사업 능력을 인정하기 어려웠다.

내가 100세인 조사를 시작할 때만 해도 그런 사람들을 만날 것이라고는 생각하지 못했다. 그러나 실제로 현역 100세인들을 만나게 되면서 한편은 놀랍기도 하였고 한편으로는 감동하지 않을 수 없었다.

날마다 1만 2,000보 걷는
100세 현역 CEO 변경삼 대표

내가 서울대학교 노화고령사회연구소를 운영할 때 고령 사회에 대비한 사회 교육의 일환으로 '장수과학 최고지도자' 과정을 개설하였다. 그 과정에 뜻밖의 분이 등록하였는데, 95세의 현역 사업가인 변경삼 대표였다. 그 과정은 일반인을 위한 교육이 아니고 보다 전문화된 교육을 목적으로 하였기에 사회에서 주도적 역할을 하는 지도자급이 참여하는 프로그램이었다. 물론 95세 어르신의 등록은 여러 가지 면에서 결격 사유는 없으나 무척 의외였다. 사전 면담에서 수업을 끝까지 이수하실 수 있을지 궁금하여 여쭈어 보았다. 그때 그분의 답은 잊을 수가 없었다.

"박 교수, 내가 공부 못 할 이유가 있습니까?"

우문현답이었다. 그렇다! 95세라고 공부하지 못할 이유는 없다. 당당한 답변이었다. 변경삼 님은 전 과정을 결석 한 번 없이 열심히 참석하여 교수진은 물론 함께 참여하는 모든 동료에게 깊은 감동을 주었다.

최고지도자 과정 중 일본으로 해외 현장 실습을 가는 프로그램이 있었다. 총 4일 동안 진행되는 일정이었는데, 일본 현지 연구기관의 사정으로 처음 이틀 동안은 매우 빽빽한 일정을 소화해야 했다. 이른 새벽에 김포공항에서 출발하여 하네다공항에 도착한 후 바로 도쿄노인종합연구소에서 5개의 강좌를 듣고, 다음 날 새벽에 신칸센을 타고 이동하여 나가노 현청을 방문하고, 다시 버스를 타고 사쿠종합병원을 방문하고, 버스를 타고 산길을 돌아와 마쓰모토시에 있는 신슈대학을 방문하는 상당히 무리한 일정이었다. 그런데 변경삼 님이 당신도 가겠다고 하여 주최하는 입장에서 망설이지 않을 수 없었다. 연세도 있고 쉴 틈 없는 일정이어서 함께 다니다 건강에 탈이 나지는 않을까 염려스러웠기 때문이다. 그러나 그의 적극적인 참여 의지에 반대할 수 없었다. 나는 그와 함께 일본을 다니면서 다시금 놀랄 수밖에 없었다. 바쁜 여정에도 전혀 피로함을 보이지 않고 매일매일 모든 일과를 가장 먼저 솔선해서 앞장섰기 때문이다.

변경삼 님에게 건강 비결을 물었다. 무조건 걷는 것이었다. 여든이 넘어서부터 자가용을 없애고 모든 일을 걸어 다니면서 해결하기 시작하였다. 새벽에 일어나서 가벼운 산행을 하고 버스로 출근하여 당신이 운영하는 공장과 사무실 청소를 손수하고 제품 생산에 필요한 부품들을 청계천에 가서 직접 구입하였다. 수업에 올 때마다 자랑스럽게 보여 주는 만보계에는 거의 날마다 1만 2,000보 이상이 찍혀 있었다. 걷는 것의 중요성은 익히 강조되어 온 바지만 이분처럼 아흔이 훨씬 넘은 나이에도 하루 1만 보 이상을 매일 걷는다는 것은 굉장한 일이다.

변경삼 님은 어려서 병을 앓아 열 살도 넘기기 어려울 것이라는 말을 들었고, 학교도 아버지에게 업혀 다닐 정도로 허약 체질이었다고 한다. 그는 젊은 시절, 사업으로 큰 성공을 거두기도 했으나 여러 차례 위기를 겪으면서 새로운 삶을 살기로 결심한 후부터 모든 일에 앞장서고 적극적으로 개척하며 살고 있었다. 건강 상태를 검사하여 보니 폐 한 쪽이 없었는데 젊어서 폐결핵을 앓아 한쪽 폐를 제거하였던 것이다. 그러한 건강상의 문제에도 불구하고 여든이 넘어서 시작한 걷기 운동은 백 살의 장수를 가능하게 하였다. 100세가 넘어서도 사업을 이끌며 현역으로 활동하고 있는 그는 나이가 들었어도 생활 습관을 바꾸면 얼마든지 건강해질 수 있음을 보여 주는 산증인인 셈이다.

변경삼 님은 최고지도자 과정을 수료한 뒤에도 매월 개최되는 장수문화포럼의 조찬 모임에 백 살이 넘어서까지 꾸준히 출석하여 강의를 들었다. 나이에 제약받지 않는 무한한 교육열이었다. 나이에 상관없이 소신을 가지고 노력하면 어떤 간난신고도 이겨 낼 수 있음을 그분은 자신의 삶으로 명확하게 보여 주었다. 인생에서 너무 늦은 때란 없다는 사실을 되새기게 했다.

사르데냐 대표 와이너리를 경영하는 101세 안토니오 아르졸라스

지중해 지역이 특별한 관심을 끄는 이유는 경제적 상황이 좋지 않은데도 유럽의 다른 선진 지역들보다 장수도가 높기 때문이다. 그중에서도 이탈리아 사르데냐는 남녀 간의 장수도에 있어 상대적으로 차이가 별로 없다는 점에서 학계의 주목을 받고 있는 대표적인 '블루존'

이다. 블루존은 평균 수명이 월등히 높은 지역을 가리키는 개념이다.

사르데냐에 특별한 포도주 양조장이 있다는 소식을 듣고 방문해 그곳의 주인인 101세 안토니오 아르졸라스(Antonio Argiolas)를 만났다. 양조장은 본인의 이름을 따서 '아르졸라스 와이너리'로 붙였다. 1937년에 올리브 치즈 회사로 창립했으나 1990년부터 와인을 생산하였다. 그는 25년 전 재혼한 부인을 상처한 이후에는 다시 결혼하지 않고 회사를 본인과 1남 3녀의 자녀들과 함께 운영하고 있었다. 아르졸라스의 인지 능력, 시력, 청력은 거의 온전하였다. 그는 매일 하루에 두 차례씩 운동을 하고 있었고, 점심에는 자체 생산한 백포도주를 한 잔, 저녁 식사에는 적포도주를 한 잔씩 하였다.

아르졸라스 와이너리에서는 사르데냐의 토종 포도(Chadonnay 계통)에 집중하여 누라가스(Nuragas)를 비롯하여 말바시오(Malvasio), 나스코(Nasco) 등 자사만의 특별한 브랜드를 만드는 데 성공하였다. 양보다 질을 추구한다지만 1년에 200만 병을 출하한다는 이야기를 듣고 놀랍기만 하였다. 아르졸라스라는 브랜드는 이미 사르데냐의 대표적인 포도주로 자리매김했다. 100세인이 직접 제조한다는 뉴스와 함께 유럽에서는 상당히 유명했고 근래에 일본으로 수출하기 시작했다고 자랑하였다.

그는 시종 미소를 잃지 않았으며, 이러저러한 질문들에 차분하게 응대해 주었다. 그러나 누가 가장 보고 싶냐는 질문에 대해서는 딱 입을 닫아 버렸다. 처음에는 영문을 몰랐으나 안내하던 가족이 아르졸라스가 본 부인을 사별한 후 재혼하여서 누가 보고 싶은지와 같은 민감한 문제에 대해서는 답하지 않을 것이라고 귀띔해 주었다. '아차, 내가 큰 실수를 하였구나' 하고 느꼈다. 100세인에게 가족의 친소를 묻는 일이 때로는 매우 민감한 일임을 새삼 느꼈다. 장수 가족에 있어서 이러한 문제는 단순히 우리나라만의 문제가 아니라 어디서나 공통적인 인간의 문제임을 깨달았다.

100세에도 현역 의사로 활동한 일본 장수 박사 히노하라 시게아키

일본에서 신노인문화 운동을 창안한 히노하라 시게아키(日野原重明) 박사는 일본뿐 아니라 우리나라에도 잘 알려진 유명한 100세인이다. 1911년생인 그는 건강 상태와 활동력이 가히 상상을 초월하였다.

히노하라 시게아키 박사를 처음 만난 것은 2003년 세계노년학회 아태학회의 도쿄대회 때였다. 나는 만찬장에서 그와 함께 헤드테이블에 나란히 앉게 되었다. 그 당시 92세였던 그는 최연장자로서 건배 제의를 했는데, 목소리도 또렷하고 후학들에게 진취적 노력을 촉구하는 내용의 건배사는 인상적이었다. 아흔이 넘어서도 현역으로 맹활약하고 있을 뿐 아니라 그가 저술한 노인의 삶에 대한 책들은 모두 베스트셀러였다. 신노인회라는 조직을 만들어 초고령 사회의 일본 노인들에게 꿈을 가지라고 전한 그는 일본에서 최고령 스타 같은 분이었다.

그후 2007년 노인의 날 행사에 그를 우리나라에 초청하여 대중 강연을 부탁하였다. 강연장은 잠실 롯데호텔 대연회장이었는데 인산인해를 이루어 자리가 부족하였다. 수많은 나이든 어르신들이 강연장 뒤에 서서 강연을 듣는 모습이 죄송할 따름이었다. 더욱 놀라운 점은 그의 강의를 들으려고 일본에서 찾아온 분들도 매우 많았다는 사실이다. 강연은 처음부터 감탄을 자아냈다. 수많은 청중이 자리가 없어 서 있는 모습을 본 그는 서 있는 청중들에게 미안하다고 하였다. 그러면서 96세가 넘은 자신도 두 시간 동안 서서 강연하게 되었으니 양해해 달라면서 청중을 압도하기 시작하였다.

그는 그 시절에 이미 노인의 정의를 65세가 아닌 75세로 개정하여야 한다고 주장하였다. 축구 경기에서 전반전도 중요하고 후반전도 중요하지만 가장 중요한 것은 연장전이며, 인생도 그와 같아서 연장전을 소중하게 여기고 잘 살아야 함을 거듭 주장하였다. 운명은 포기해서는 안 되는 것이며, 스스로 운명을 만들어 갈 수 있다. 그러기 위해서는 사람과 사람의 만남을 두려워해서는 안 되며, 항상 서로 신선한 자극을 줄 수 있는 존재가 되어야 한다고 가르쳤다.

이분의 강연에서 실용적인 지혜도 얻을 수 있었다. 자신이 나이가 들어 건망증이 심해져 가기 때문에 가끔 강연 중에 해야 할 말들을 잊어버리는 경우가 있다고 하였다. 이러한 일들이야 젊은 사람들도 다반사로 겪는 일이다. 그는 그러한 실수를 피하기 위하여 강연을 시작할 때 반드시 결론을 먼저 말한다고 하였다. 생활의 지혜 같은 말씀에 고개를 끄덕이지 않을 수 없었다.

강연이 끝난 후 그와 차분한 대화를 나눌 시간을 가졌다. 그에게 는 인생을 좀 더 적극적으로 살게 된 특별한 계기가 있었는데, 바로 일본 적군파에 의한 요도호 납치 사건이었다. 1970년 일본 적군파 요원들이 일본 항공 요도호를 공중 납치하여 북한으로 망명한 일본 의 첫 항공기 납치 사건이다. 그는 당시 납치된 승객 129명 중 한 명 이었다. 그가 3일 동안 억류되었다 도쿄로 돌아왔을 때, 그는 이전까 지의 삶은 자신의 것이었지만 이후부터는 신이 선물로 준 삶이라고 생각하고 인생을 허비할 수 없다는 생각이 들었다고 한다. 그 당시 59세였던 그는 이후부터 사회봉사를 최우선으로 하는 삶을 시작하 면서 모든 것이 바뀌게 되었다고 고백하였다.

나와 대화를 나누던 그때 그의 나이가 이미 96세였지만 향후 6년 간은 거의 모든 일정이 꽉 잡혀 있기 때문에 그때까지는 죽을 수도 없다고 하였다. 또한 2020년 도쿄올림픽을 꼭 보아야 하기 때문에 자신은 110세까지는 살아야 한다는 목표를 밝히기도 해 많은 사람 에게 큰 자극을 주기도 했다.

이후에도 그는 우리나라에 여러 차례 방문하였고, 그가 100세 되 던 2011년에는 가천대학교 이길여 총장이 그에게 명예박사학위를 수여하였다. 방문할 때마다 변함없는 자세로 두 시간 정도를 꼿꼿이 서서 강연하는 모습은 잊을 수가 없다.

그는 일본 의학계의 거목이었다. '성인병'이라고 불리던 '노인 질 환군'을 '생활 습관 질환'으로 바꾸고 노인들에게 생활 습관 개선 운 동을 강조하였다. 노화와 질병의 원인이 생활 환경과 습관에 있음을 주장하며 여러 가지 실천을 전개하였다. 그는 삶의 중요한 전환점을 맞았을 때 그 이후의 삶은 신이 선물한 미래라고 정의하고 온전히 타인을 위해 봉사하는 삶을 살았다. 나이가 아무리 많아도 당당하게 살아나가는 노인상을 몸소 실천하면서 신노인운동을 전개한 100세 거인의 모습은 사람들에게 감동일 수밖에 없었다. 그는 2017년 연명의료를 거부한 채 105세에 생을 마감했다.

세계적 기업 돌의 95세 회장 데이비드 머독

바나나와 파인애플의 돌(Dole) 브랜드로 친숙한 돌 푸드 컴퍼니(Dole Food Company)는 과일 통조림 분야에서 세계를 석권하는 기업이다. 그 회사의 회장인 데이비드 머독(David Murdock)은 95세의 나이에도 정정하게 회사를 직접 경영하고 있었다.

2014년 봄에 그가 창립하여 운영하고 있는 캘리포니아건강 및 장수연구소(California Health & Longevity Institute, CHLI)를 방문하게 되었다. CHLI는 건강 관리와 생활 습관 관리 및 건강 장수에 대해 상담하는 연구소로서 고객에게 최고급의 서비스를 제공한다는 목표로 설립되었다. 실제 연구소 안의 여러 시설은 최첨단 기구로 갖추어져 있고, 호텔식 서비스를 제공하는 매우 고급스러운 장소였다.

특히 머독 회장은 나에게 큰 감동을 주었다. 기업 경영에 대한 본인의 여러 경험도 좋은 화제였지만, 95세임에도 전 세계에 있는 본인의 회사들과 제반 연구 시설은 물론 엄청난 재산까지 직접 관리하는 자신감에 놀라지 않을 수 없었다.

머독 회장은 타고난 사업가였고 투자가였다. 젊은 시절부터 투자하는 것마다 큰 성공을 거둔 그는, 제2차 세계대전 이후부터 식품에 관심을 가져 '돌'이라는 과일캔 푸드 그룹을 인수하였고, 이를 위해 태평양에 섬 하나를 구입하여 다양한 과일을 본격적으로 생산하였다. 머독 회장은 노스캐롤라이나주 피드몬트에 위치한 리서치 트라이앵글 파크(Research Triangle Park) 지역에도 연구소를 설립하여 식품의 유효 성분을 극대화할 수 있는 재배 조건을 규명하고 제품 내 식품의 유효 기능성을 극대화하는 노력을 하고 있었다. 최고 성능의 질량분석기를 비롯한 최첨단 시설을 갖춘 기업 연구소를 둘러보면서 압도당하는 느낌이 들 정도였다.

그러나 기업 경영보다도 머독 회장의 생활 패턴에서 볼 수 있는 자신감 있는 태도는 더욱 감동적이었다. 그는 매일 아침 5시면 기상하여 목장에 나가 한 시간 이상 승마를 즐겼다. 아스피린 한 알을 먹지 않을 정도로 건강을 유지하고 있다는 그는 돌푸드의 수장답게 아침 식사로는 스무 가지 정도의 과일을 혼합한 스무디를 마셨다. 그는 한 인터뷰에서 "채소와 과일 주스를 마신 것이 장수의 비결"이라고 말하기도 했다. 점심과 저녁 식사는 육류보다는 해물과 야채 위주로 먹는다고 했다.

그는 또한 매일 아침과 저녁에 독서를 하고 있었으며, 그룹의 경영에서도 모든 결재를 직접 한다고 하였다. 나이에 상관없이 자신이

직접 할 수 있는 일은 남에게 시키지 않고 스스로 해내고자 했으며,
이는 인간답게 살 수 있는 권리를 그대로 지키고 유지하려는 거룩한
모습이었다. 95세의 나이에 세계적인 기업체를 직접 경영하고 있는
머독 회장의 태도에서 진정한 노익장의 자랑스러운 모습을 볼 수 있
었다.

　백 살 정도의 나이가 되면 일단 현장에서 물러나는 것을 당연한
일로 생각하였다. 그런데 100세 또는 100세 가까운 나이에도 활발
하게 현역으로 일하는 모습을 보면서 늙었기 때문에 일할 수 없다는
변명을 더 이상 내놓을 수 없으며, 나아가 일을 대하는 인간의 자세
에서 숭고함마저 느끼게 되었다.
　아무리 나이가 들었어도 자신에게 주어진 일에 책임을 다하는 분
들을 만나면서 느끼는 감동은 한이 없다. 그동안 노인에 대한 편견인
노쇠하고 노둔한 모습은 이제 훌훌 벗어 버려야 한다고 본다. 나이
란 숫자에 불과하다는 진리를 현역 100세인들이 증명하고 있었다.

CHAPTER 3

100세에도 배움에 정진하는 무제한 자기계발

인간이 다른 동물들과 차원이 다른 위상을 확립하는 데 있어 절대적인 전제 조건은 지적 능력의 승계를 통한 지식의 확대 발전이다. 지적 훈련을 통해 새로운 세계를 부단히 탐험하고 새로운 기술을 개발하는 것은 인간의 위상을 높이는 결정 요인이었다.

그러나 지적 훈련이 대부분 젊은 나이에 국한되고, 나이가 어느 선을 넘어서게 되면 교육 훈련에 대한 관심도 줄고 새롭게 배우려는 의지도 상실하게 되는 것이 일반적인 고령 사회의 모습이었다. 그런데 백 살이 넘어서도 지적 능력을 계발하기 위한 노력을 마다하지 않는 초고령자를 만났고, 배움에는 끝이 없다는 말을 절감하였다. 배움에는 나이의 한계가 없고 내용과 범위에 있어서도 한계가 없었다.

연 160회 이상 강연하는 100세 철학자 김형석 교수

최근 우리나라 방송계의 최고령 스타 강사는 연세대학교 김형석 명예교수다. 1919년생으로 이제 100세를 맞았는데도 1년에 거의 160여 회의 강연을 소화하고 다니는 초능력의 어른이다. 필자는 고등학생 때와 대학생 때 김 교수님의 강연을 들은 바 있다. 그때의 김 교수님은 서울대학교 김태길 교수, 숭실대학교 안병욱 교수와 함께 '철학계의 삼총사'로 불리며 젊은이들에게 큰 영향을 전한 분이었다.

한 번은 KBS 〈여유만만〉 프로그램에서 내게 출연 요청을 해 왔다. 나는 불과 얼마 전에도 출연한 적이 있었기 때문에 거절하였다. 그랬더니 담당 PD로부터 다시 연락이 와서는 김형석 교수님과의 대담 프로라고 했다. 나는 무조건 승낙하였다. 선생님을 가까이서 뵙고 이야기를 나누고 싶었기 때문이었다. 방송국에서 만난 김 교수님은 50년 전과 별로 변함이 없었다. 잔잔한 목소리로 조곤조곤 하시는 말씀이며 세상살이에 대해 달관한 듯한 담담한 표현들이 여전하였다.

이런저런 이야기를 나누면서 선생님은 강연을 듣는 사람들에 대한 몇 가지 특별한 심정을 토로하였다. 교수님은 사람들에게 철학을 주제로 강연을 하고 싶은데, 사람들은 어떻게 하면 오래 사느냐에 더 많은 관심을 보여 이것이 조금은 서운하다는 솔직한 심회였다. 그리고 강연하다 보면 조는 사람들도 있는데, 당신이 학창 시절 윤동주 시인과 클래스메이트였다고 하면 눈을 번쩍 뜨고 그 이야기만 듣는다며 웃음을 지었다.

그는 젊은 학도들에게 철학적 꿈과 생활의 지혜를 전하며 보다 나은 세상을 함께 꿈꾸어 왔던 김태길 교수와 안병욱 교수가 차례로 먼저 떠나 버린 점을 아쉬워하였다. 안병욱 교수가 떠나면서 혼자

남은 당신에게 "우리가 못다 한 일을 완성해 주겠지"라며 유언처럼
해 준 말 때문에 지금도 분발하고 있다고 하였다. 젊은이들에게 철
학적 소양을 심어 보람 있고 행복한 사회를 이루는 꿈을 매듭지으라
는 미션을 맡은 것이라며, 이것을 혼자 감당해야 한다는 것에 쓸쓸
해하면서도 여전히 강한 신념을 가지고 있었다. 그래서 지금도 최선
을 다하여 대중에게, 그리고 특히 청소년들에게 강연으로 봉사한다
고 하였다.

자신이 살아온 삶을 돌아 보니 정년퇴직하고 일흔다섯까지는 자
신의 성장을 위해 지속적으로 노력을 기울였는데 여든이 넘으면서
부터 마음에 여유가 생겼다고 하였다. 그는 자신의 건강을 위하여
매일 한 시간 이상 연희동 뒷산을 산책하고 일주일에 두 번 이상 수
영을 한다. 다 큰 자식들, 아니 이제 정년을 한 교수 출신의 자제들과
함께 식사할 때면 밥값은 백 살인 당신이 낸다고 자랑하였다.

여러 가지 개인적인 이야기도 솔직히 나누었다. 오랫동안 병구완
한 부인과 사별한 지 오래되고 나이도 들다 보니 외로움이 점점 커
진다며 지금부터라도 누군가를 만나 사랑을 하고 싶다고 하였다. 백
살이 되었어도 새로운 사랑을 시작하고 싶다는 그의 소망을 들으며
노화의 본질에 대한 기존의 잘못된 개념을 바꾸어야 함을 분명하게
느꼈다. 나이가 들어서 할 수 없는 것, 포기해야 하는 것이 있는가?
그것은 정말 포기해야 하는 것이 맞는가? 이에 대한 근원적 질문을
원로 철학자에게서 새겨들었다. 그리고 생의 마지막 순간에 유언으
로 던지고 싶다는 그의 말이 자꾸만 귓가에 맴돌았다.

"나는 행복하게 살았습니다. 여러분도 행복하게 살기 바랍니다."

65세부터 104세 될 때까지 4개 국어 익힌
일본 심리학 박사 쇼치 사부로

일본 게이오대학교의 100세인 연구책임자인 히로세 노부요시(広瀬信義) 교수로부터 국제장수의학 학술대회에 초청을 받아 학회에 참석하게 되었다. 주제는 "장수 과학의 첨단 연구자(Frontiers of Longevity Science)"였다. 히로세 박사는 〈일본 초장수인의 의학적 및 유전학적 특성〉이라는 주제로 발표하였다. 미국 뉴잉글랜드 100세인 연구책임자인 보스턴대학교의 토마스 펄스 박사는 〈100세인이되기 위하여 하여야 할 것 그리고 하지 말아야 할 것〉이라는 주제로 미국 장수인들의 행태 비교에 대하여 보고하였다. 마지막으로 나는 〈한국의 생태 환경과 사회문화가 남녀의 장수에 미치는 효과의 차이〉에 대하여 발표하였다.

이날의 행사가 특별하였던 점은 학술대회 전에 20여 분간 진행된 어느 100세인의 특강 때문이었다. 그는 그 당시 만 101세였으며, 심리학 박사로 대학교수를 지낸 쇼치 사부로(昇地三郎)였다. 흥미롭게도 그는 경주에서 태어나 어린 시절을 우리나라에서 보냈다고 한다. 만찬장에서 나는 그분 옆에 앉게 되었다. 대화 도중 갑자기 쇼치 사부로 박사가 우리말로 "한국에서 오셨소?" 하고 물었다. 깜짝 놀라서

"예" 했더니 "그러면 우리 한국어로 이야기합시다" 하며 놀라운 우리 말 솜씨를 과시하였다.

그는 대학에서 은퇴한 후 65세부터 한글을 학습하여 이제는 한국어를 자유롭게 구사하고 있었다. 또한 그는 80세가 되었을 때 중국어 공부를 시작하여 중국을 통역 없이 여러 차례 방문하였을 뿐 아니라, 100세가 되었을 때는 창춘을 방문하여 중국어로 강연하였다. 그리고 100세부터 러시아어를 배우기 시작했는데, 모스크바를 방문하여 강연할 계획을 세우고 있었다. 미국, 중국, 유럽, 러시아 등 세계 일주 여행을 이미 네 차례나 했다고 하였다.

그는 인지 능력뿐 아니라 신체 적응성도 출중하였다. 그가 직접 개발했다는 '사부로식 검도 체조'를 우리에게 5분가량 선보여 주었는데, 적황록색의 테이프를 감은 조그만 막대기를 가지고 하는 운동이었다. 한 발로 서서 도는 동작은 몸의 완벽한 균형을 보여 주었고, 막대기를 허리 뒤, 등 뒤로 돌리면서 두 손으로 맞잡는 동작은 몸의 탁월한 유연성을 보여 주었다. 그가 시범해 보이는 동작들을 보면서 놀랄 수밖에 없었다. 정녕 그가 100세일까? 하는 생각이 들 정도였다.

그는 자신의 경험과 살아온 방식에 대해서도 이야기를 했다. 스스로를 "100세 소년, 100 years old boy"이라며, 자신이 나이만 백 살이지 아직 젊은 사람임을 강조하였다. 그는 어렸을 적 몸이 약하고 수줍음이 많을 뿐 아니라 말도 더듬어 친구들 사이에서 항상 따돌림을 받았다고 하였다. 그러나 학창 시절 영어 선생님이 가르쳐 준 "항상 앞서라(Be in Advance)"라는 말에 감명받고 그 후부터 닥쳐 온 불행들을 오히려 기회로 삼아 새로운 삶을 개척해 냈다고 하였다. 그리고 100세가 넘은 지금도 그 노력을 계속한다고 하였다. 소년 시절 선생님이 가르쳐 준 "항상 앞서라"라는 가르침을 100세가 넘은 지금도 좌우명 삼아 지키며 살아가는 그의 모습은 인간의 의지가 얼마나 대단한 것인가를 증명하고 있었다.

그의 자녀는 선천성 뇌성마비로 고통받고 있었고, 그는 이를 극복하기 위해 심리학을 공부하기 시작했다고 한다. 이후 그는 박사학위를 받았고, 장애인 학교를 세우면서 일본에서 특수 교육의 선구자로 손꼽히게 되었다. 항상 자신이 해야 할 일들은 남보다 먼저 해야 한다는 사명감에 지금도 바쁘게 움직이고 있다고 하였다.

그에게 건강 비결을 묻자, 열심히 살아가는 것이라는 일반론 외에 본인의 음식 씹는 습관을 꼽았다. 일곱 살 무렵 위장이 좋지 않았는데, 그때 어머니가 가르쳐 준 방법이 반드시 30회 이상 꼭꼭 씹어 먹어야 한다는 것이었고, 이 가르침을 지금까지 습관으로 지킨다고 했다. 씹는 활동이 뇌에 좋은 영향을 미친다는 연구 결과가 보고된 적이 있다. 씹는 활동이 인지 능력을 결정하는 데 중요한 역할을 하는 뇌의 해마 부위의 신경 활동을 크게 강화해 준다는 연구였는데, 그의 이야기는 이를 뒷받침할 사례였다. 흥미로운 점은 그 효과가 노인에게서 더 현저하게 드러난다는 사실이다.

몇 년 후 히로세 교수가 한국에 왔을 때 쇼치 사부로 박사의 근황을 물었다. 나는 또 한 번 놀라지 않을 수 없었다. 그가 104세가 되었을 때 브라질로 이민 간 일본 교포들이 박사를 초청하였고, 그는 바로 브라질 공용어인 포르투갈어를 공부하여 6개월 뒤 브라질에 가서 포르투갈어로 강연하였다는 믿기지 않는 이야기를 듣게 되었다.

백 살이 넘었어도 열정을 가지고 배움에 정진하는 특별한 100세인들의 모습은 놀랍기만 하다. 장수의 길은 그리 복잡하지 않았다. 오히려 단순했다. 주어진 일들을 일상생활에서 얼마나 확고하게 추진해 나가는지가 중요함을 다시금 깨달았다.

쇼치 사부로 박사는 100세가 넘은 나이에도 소년 시절 선생님이 가르쳐 준 "항상 앞서라"라는 가르침을 여전히 새기고 있었다. 백 살 나이에도 새롭게 배우고 자신을 계발하려는 노력을 게을리하지 않는 백 살 '소년'으로 살아가고 있다.

일본의 100세인들은 국제적인 활동을 적극적으로 하고 있는 데 반하여 우리나라 100세인들은 건강하더라도 거의 대부분 가족 또는 친척과의 교류에 머물러 있고, 좀 활동적인 경우라고 해도 국내 행사에만 노출되는 정도여서 상대적으로 폐쇄성을 띠는 점은 아쉬웠다. 그러나 이제 우리나라에도 김형석 교수처럼 100세가 되어도 적극적으로 사회 활동을 하며 여러 곳에서 강연하는 분들이 등장하고 있어 우리나라 100세인의 세계화도 멀지 않았다고 기대한다.

플라톤의 《국가론》에 보면 소크라테스가 그 당시 현인인 케팔로스에게 노령의 삶에 대하여 묻자 이렇게 답한다.

"그건 노령이 아니라 성격의 문제입니다. 분별력이 있으면 노년은

견뎌 내기 쉽다오. 그렇지 않다면 노년뿐 아니라 청춘도 견디기 어
렵다오."

　노년의 분별력, 즉 지적 활동을 강조한 것이다. 나이가 들어도 자
신의 지적 능력을 계발하는 데 게을리하지 않는 100세인들의 모습
을 보며 다시금 나이듦이란 무엇인가? 어떻게 살아야 하는가? 라는
질문을 던져 본다.

CHAPTER 4

도움받을 나이에 오히려
남을 위해 봉사하는 100세인

백 살 이 넘 어 서 도 다 른 사 람 들 을 위 하 여 여전히 봉사 활동을 한다는 것은 좀처럼 믿기지 않는 일이다. 신체적 노화로 다른 사람에게 도움을 받는 것이 당연하게 여겨지는 나이인데, 자신이 아닌 남을 위한 삶을 사는 100세인을 만나 한 분 한 분의 삶의 여정을 살펴보면서 인간의 위대함과 장수의 거룩한 의미를 되새겼다.

호스피스, 웰다잉 운동에 앞장선
100세 현역 김옥라 여사

사회복지법인인 각당복지재단에서 "연명치료와 호스피스"라는 주제의 심포지엄을 서울대병원에서 개최하면서 나에게 기조 강연을 부탁하여 참석하였다. 그날 축사를 한 분이 각당복지재단의 명예이 사장인 김옥라 여사였다. 김옥라 여사는 단아한 차림으로 단상에 올라 자신을 소개하였다. "내가 금년에 백 살입니다." 이 말을 들은 청중들이 모두 긴장하기 시작하였으며 나도 깜짝 놀랐다. 100세인으로 보이지 않을 만큼 정정하였기 때문이었다.

김옥라 여사는 일제강점기인 1918년 강원도 간성에서 10남매 중 여덟째로 태어났다. 간성공립보통학교를 졸업하고 독학으로 일본 유학길에 올라 일본 도시샤여자대학교에서 영문학을 전공한 후 미 군정청과 대한민국 문교부에서 근무했다. 그는 한국전쟁으로 황폐하던 50년대에 한국걸스카우트의 재건과 성장을 이끌며 국제사회에 대한민국의 존재를 알린 '민간 외교관'이었다. 그 밖에도 한국여신학자협의회 회장 등을 지내며 여성의 권리 신장을 위한 여성 운동에 기여했고, 세계감리교회여성연합회 회장을 지내며 유엔(UN) NGO 가입과 활동을 주도했다.

그러나 김옥라 여사를 더욱 돋보이게 한 것은 남편 라익진 박사와 각당복지재단을 설립한 이후 남편이 작고한 이래 그 슬픔을 승화하여 각당복지재단에서 더욱 적극적으로 다양한 사회봉사활동을 전개한 것이다. 1990년대까지 우리나라에는 아직 생소한 개념이었던 자원봉사, 호스피스, 웰다잉 등에 대한 인력을 지원받아 훈련시키고 교육하는 데 앞장선 선구자였다. 김옥라 여사는 다음과 같이 축사를 이어나갔다.

"내가 호스피스와 웰다잉 운동에 관심을 가지게 된 것은 영국의 시슬리 손더스(Cicely Saunders)라는 의사가 죽음에 대하여 쓴 책을 본 후입니다. 이제 우리는 죽음에 대한 태도를 바꾸어 죽어 가는 사람들에 대한 치료와 지원을 새롭게 하여야 한다고 생각하게 되었습니다."

낭랑한 목소리로 자신이 호스피스 운동에 뛰어든 이야기, 그리고 우리나라에 이런 운동이 필요한 이유 등을 설명하고 단상을 내려오기까지 자세 하나 흐트러짐이 없었다.

나와 김옥라 여사님과의 특별한 인연은 55년 전에 비롯되었다. 1964년 봄, 나는 한국보이스카우트연맹에서 미국 보이스카우트 잼보리에 파견하는 대표단으로 뽑혀 인천항에서 미 해군수송선을 타고 태평양을 건너게 되었다. 미국을 일주하여 필라델피아 밸리포지에서 개최하는 잼보리에 참가하고 돌아오는 대장정이었다. 그 당시에는 해외여행 자체가 극히 어려웠기에 미국 여행이 매우 특별하던 시절이어서 주위에서 많은 관심을 받았다. 대표단 중에 서울 지역 대표로 나보다 1년 위인 선배가 있었는데, 우리가 미국에 다녀와 귀국하였을 때 그의 가족들이 마중 나와 있어 인사를 나누게 되었다. 그 선배의 모친이 그 당시 걸스카우트 간사장이라는 사실을 알았기에 특별히 기억해 두고 있었다. 그래서 이번 심포지엄 현장에서 혹시나 하고 확인차 말씀을 여쭈었다. 그랬더니 "아, 인천항에서 만난 보이스카우트!" 하면서 나를 기억해 주어 너무도 반가웠다.

사실은 그 전에도 여사님을 여러 번 만났다. 여사님은 우리나라 최초의 호스피스 봉사자 양성 교육 프로그램인 "삶과 죽음을 생각하는 모임"을 만들어 운영하면서 매번 나를 강사로 불러 주었다. 처음 시작은 광화문의 프란체스코성당에서 했으나 나중에는 자택을 기증하여 만든 서대문 재단교육관에서 초청 강연을 열었고, 항상 열심히 청강하시는 모습에 감동하였다. 그때마다 인사를 드렸지만 김옥라 여사님의 과거 이력을 자세히 알지 못하여 그때는 보이스카우트 선배의 어머니였던 것을 알아보지 못했다. 이번 심포지엄에서 그의 이력을 자세히 소개하는 자료를 통해 비로소 알게 되어 50년도 지난 옛 인연을 확인할 수 있었다.

평생 사회봉사를 위하여, 그리고 국가적으로 자원봉사와 호스피스 프로그램이 자리잡도록 헌신해 온 진정한 애국자가 아닐 수 없었다. 그만큼 노력하고 헌신한 삶을 살아오신 여사님은 100세가 된 지금도 당당하고 자신만만하였다. 여사님에게 시간이 나면 무엇을 하는지 물었더니 놀라운 답을 받았다.

"책을 읽네."

지금도 시간만 나면 독서를 한다는 여사님의 답변에서 100세 장수인의 진정한 당당함이 느껴졌다.

세계 곳곳의 지인들과 메일로 교제하는 100세 방지일 목사

100세가 넘어서도 적극적으로 목회 활동을 하고 있는 방지일 목사님을 만난 곳은 장충동에 있는 노인홈 시설이었다. 이곳은 시내 중심부에 위치하여 대외 출입이 많은 고령인에게 인기가 있는 곳으로, 국내에서도 비교적 성공적으로 운영되고 있었다.

100세인을 연구 중인 우리 조사팀은 방 목사님에 대한 자세한 정보 없이 주소와 성함만 가지고 찾아갔기 때문에 처음에는 목사님의 이력을 전혀 몰랐다. 인터뷰하는 과정에서 목사님이 얼마나 유명한 분인지 알게 되었고, 목사님은 우리 조사팀이 당신의 경력에 대해 잘 알지 못하고 있음에 실망한 기색을 내비치었다. 당신이 살아온 인생에 대한 자부심이 대단한 만큼 당연히 그분을 알아봤어야 했는데, 그렇지 못하여 미안한 마음이 가득하였다.

목사님은 건강 상태도 양호하였고 100세의 연세임에도 대외 출입에 불편함이 없었다. 그리고 당신을 노인 취급하는 데 대해서는 강한 거부감을 보일 만큼 독립적이었고 적극적으로 활동하고 있었다.

목사님은 1911년 평안북도 선천에서 태어났다. 그의 조부 방만준은 한국 개신교 1세대였고, 부친 방효원은 목사로 중국에서 선교 활동을 했다. 이런 집안 내력을 이어받은 방지일 목사님은 평북 선천의 신성중학교를 거쳐 평양의 숭실전문학교 영문과를 졸업하고, 조선예수교장로회의 평양신학교에서 목사 안수를 받았다. 목사 안수를 받은 직후 중국으로 건너가 산둥성 등지에서 선교사로 활동하면서 중일전쟁과 국공내전을 모두 겪었고, 1957년에야 홍콩을 거쳐 서울로 돌아왔다. 이후 영등포교회 담임목사로 재직하면서 우리나라 목회자의 모범을 보인 분이었다.

목사님의 일과는 오후 10시쯤 잠자리에 들어 새벽 2~3시에 일어나 기도와 성경암송을 하고, 아침식사 전까지 이메일을 체크하며 세계 곳곳의 선교사나 지인들과 소식을 나눈다. 책도 읽고 잠깐 낮잠도 자지만, 사방에서 오라 해서 별로 쉴 틈도 없다고 했다. 100세인의 일상이라고는 믿기지 않을 생활 패턴이었다.

특히 목사님은 영어, 일어, 중국어, 우리말 등 네 가지 언어가 모두 자유로워 마지막까지 타의 추종을 불허할 만큼의 지적 활동을 할 수 있었다는 점에서 여타의 일반 100세인들보다 특별한 분이었다. "언제 어디서나 내가 당한 일은 내 죄보다 가볍다" "닳아 없어질지언정 녹슬지 않겠다" 등의 어록을 남긴 방지일 목사는 2014년 103세로 소천하였다.

김옥라 여사나 방지일 목사의 공통점은 독실한 기독교 신자라는 점이다. 돈독한 신앙에 뿌리를 두고 신앙인으로서 헌신하는 삶을 살아온 것이었다. 두 분이 100세의 나이에도 인생과 현재에 보람을 느끼고 당당하고 행복하게 살 수 있었던 것은 역시 신앙의 힘이라고 본다. 자신의 역량을 최대한 발휘하여 나이에 제한받지 않고 봉사를 실천하는 삶을 살아온 근원이었다.

또 다른 공통점은 두 분이 100세에도 여전히 지적 활동을 왕성하게 지속했다는 점이다. 그래서 두 분의 인지 능력이 끝까지 유지되고 100세가 넘어서도 목회도 하고 강연도 할 수 있었다. 봉사를 위해서는 건강과 온전한 인지 능력이 필수다. 평생 건강을 유지하고 지적 능력을 함양하여 사회봉사에 앞장서 온 이분들의 삶은 가장 이상적 형태의 장수가 아닐 수 없다.

CHAPTER 5

원로 학자의 끝나지 않은
탐구심과 책임감

미국의 시인 사무엘 울만의 시에 청춘은 나이가 아니고 마음가짐이라는 것을 강조한 구절이 있다. 그런데 아무리 나이가 전부는 아니라고 해도 백 살 정도 된 사람이 마음가짐만 가진다고 청춘이라고 정의할 수 있는가에 대해서는 쉽게 수긍이 가지 않는다. 그러나 나는 100세인 조사를 하고 실제 백 살 가까이 된 분들을 만나 그들의 끊임없는 열정과 의욕을 보면서 노년과 청춘에 대한 생각을 새롭게 정비하게 되었다.

95세에 새 출발의 각오를 다지는 노학자

서울대학교 의과대학 강당에서 "노인보건 심포지엄"이 열려 참석하게 되었다. 이번 학술대회 주제는 "죽음에 대한 태도"였다. 내과학교실의 정현채 교수와 허대석 교수가 죽음과 연명 치료에 대해 특강하고 토론하는 자리였다. 그 자리에 우강 권이혁 선생님께서 축사를 위해 참석하신다 하여 오랜만에 뵙게 되기를 기다렸다.

권 교수님은 내가 의과대학생일 때 예방의학을 가르쳐 주셨고, 졸업 무렵에는 학장으로서 의학 교육의 현대화를 주도하면서 교과과정을 혁신하고 통합교육, 선택의학 등의 제도를 도입하였다. 우리 학년이 개혁의 첫 번째 수혜자로 여러 혜택을 받았기에 더욱 특별한 스승이었다. 또한 권 교수님은 서울대학교 의과대학장, 보건대학원장, 서울대학교병원장, 서울대학교 총장, 교육부 장관, 보건복지부 장관, 환경부 장관, 대한민국학술원 원장 등 주요 관직을 다양하게 맡으면서도 항상 겸손하셨고, 주어진 자리에 최선을 다하였기에 후학들에게 큰 귀감이 되었다.

노화 연구를 하는 나의 입장에서 바라본 선생님은 정말 특별했다. 내가 100세인 연구를 한 것을 칭찬하시던 선생님은 가끔 만나면, "내가 나이가 들어 벌 받고 있네. 젊어서부터 직책을 받아 항상 운전기사가 있는 차를 타고 다니느라 다리가 고장 나 버린 거야" 하며 젊은 시절의 운동 부족을 자책하고는 하였다. 또한 당신이 주도하였던 1960년대 우리나라 인구 문제 해결을 위한 가족계획 운동이 너무 강력하여 이제 오히려 역작용으로 인구 감소가 문제되고 있어 후회스럽다는 말씀도 하였다.

선생님은 언젠가부터 1년에 한 권씩 회고록 삼아 책을 내면서 후학들에게 보내 주었다. 아흔이 넘어서도 여전히 집필하시는 것을 보면서 선생님의 연년익수(延年益壽)의 건강한 모습에 감동하였다. 선생님의 글에 나오는 여러 장면 중에는 나도 그 자리에 있었던 상황이 있는데, 이에 대해 세세하게 기억하여 기록한 것을 보고 놀라지 않을 수 없었다.

한 예를 들면, 앞서 소개한 히노하라 시게아키 선생의 방한 중 나눈 대화와 강연에 대하여 기술한 내용이었다. 가까이 있던 나도 선생님이 메모하는 것을 한 번도 본 적이 없는데 어쩌면 그렇게도 정확하고 생생하게 기억하였는가를 보면서 어안이 벙벙해질 수밖에 없었다. 어떤 사람을 만나도 항상 진지하게 상대하고 깊이 관찰하고 계셨다는 점을 느끼며, 나는 사람들을 만날 때 대강대강 상대하지 않았는가 스스로를 반성하지 않을 수 없었다. 선생님은 뵐 때마다 후학들에게 격려의 말을 잊지 않았고 긍지를 가지고 열심히 노력할 것을 강조하셨다.

이번 노인보건심포지엄에서는 또 다른 감동을 주셨다. 축사 차례가 되자, 앉은 자리에서 마이크를 잡고 당신의 무릎이 나빠서 일어서지 못함에 대하여 양해를 구하고 말씀을 시작하였다.

"이제 내 나이가 아흔다섯입니다. 나이도 웬만히 먹었다고 생각하는데 이 나이가 들어서 요즈음은 여러 가지로 나 자신을 반성해 봅니다. 내가 그동안 살아오면서 정말 나라를 위하여 무엇을 하였는가? 주변을 위하여 무엇을 하였는가? 잘하였는가? 최선을 다하였는가? 이런 것들을 반성하다 보면 많은 후회도 있습니다."

아흔다섯이 넘은 노학자의 자아반성 메시지에 분위기가 숙연해졌다. 선생님은 서울대학교 의과대학 교수의 정년퇴임식이나 총동문회에 오면 항상 건배사를 하였는데 선생님의 대표 건배 구호가

"나가자"였다. 나라와 가족과 자신을 위하여 최선을 다하자는 구호로, 이후 이 건배 구호는 널리 유행하기도 하였다. 선생님의 축사가 계속 이어졌다.

"이제 이 나이가 들어서 무엇을 어떻게 하여야 할까 고민해 봅니다. 그러나 여기서 멈추거나 멈칫할 수 없다는 것을 깨달았습니다. 지금부터라도 바로 새 출발을 하여야겠다고 생각합니다. 아무리 나이가 들었어도 이제 누구나 모두 새 출발의 각오를 다지기 바랍니다. 여러분, 우리 함께 새 출발합시다."

아흔다섯이 넘은 학자가 새 출발의 각오를 다지자는 호소를 카랑카랑한 목소리로 전하니 대강당을 가득 메운 청중들은 모두 우레와 같은 박수를 쏟아 냈다. 여전히 새 출발의 각오를 다지는 선생님의 결심은 선생님을 영원히 젊음으로 살게 하는 원동력이 아닐 수 없다. 사무엘 울만의 〈청춘〉이라는 시에 나오는 청춘의 정의를 되새기게 된다.

청춘이란 인생의 어떤 한 시기가 아니라
마음가짐을 뜻하나니
장밋빛 볼, 붉은 입술, 부드러운 무릎이 아니라
풍부한 상상력과 왕성한 감수성과 의지력
그리고 인생의 깊은 샘에서 솟아나는 신선함을 뜻하나니

청춘이란 두려움을 물리치는 용기,
안이함을 뿌리치는 모험심,

그 탁월한 정신력을 뜻하나니

때로는 스무 살 청년보다 예순 살 노인이 더 청춘일 수 있네.

누구나 세월만으로 늙어 가지 않고

이상을 잃어버릴 때 늙어 가나니

세월은 피부의 주름을 늘리지만

열정을 가진 마음을 시들게 하진 못하지.

근심과 두려움, 자신감을 잃는 것이

우리 기백을 죽이고 마음을 시들게 하네.

예순이든 열여섯이든 모든 이의 가슴속에는

경이로움을 향한 동경과 아이처럼 왕성한 탐구심과

인생에서 기쁨을 얻고자 하는 열정이 있는 법

그대와 나의 가슴속에는 이심전심의 안테나가 있어

사람과 신으로부터 아름다움과 희망,

기쁨, 용기, 힘의 영감을 받는 한

언제까지나 청춘일 수 있네

영감이 끊기고

정신이 냉소의 눈에 덮이고

비탄의 얼음에 갇힐 때

그대는 스무 살이라도 늙은이가 되네

그러나 머리를 높이 들고 희망의 물결을 붙잡는 한,

그대는 여든 살이어도 늘 푸른 청춘이네

세계적인 연구소 NIH의 100세 현역 연구원
허버트 테이버 박사

나에게 인격적으로나 학문적으로 크나큰 감동을 주신 분이 또
있다. 미국 국립보건원(National Institutes of Health, NIH)에 근무하고
있는 허버트 테이버(Herbert Tabor) 박사다. 내가 NIH에서 박사후연
구원으로 근무하던 당시에는 생화학을 전공하는 학자들에게 꿈의
저널로 통하던 《생화학저널 Journal of Biological Chemistry(JBC)》이라
는 학술지가 있었다. 그 학술지에 논문이 한 편만 실려도 존경을 받
던 시절에 테이버 박사는 그 저널의 책임편집인이었고, 그의 학문적
명성은 태산과도 같았다.

세인트루이스에서 개최된 미국 생화학회 학술대회에 참가하였을
때의 일이다. 아침식사를 하러 카페테리아에 갔는데 내 뒤에 그분
부부가 서 있었다. 인사를 드리고 지나가려는데 테이버 박사가 나를
부르더니 아침식사 메뉴의 값이 얼마인가를 물었다. 박사님 부부는
하버드대학교 의과대학을 졸업하고 NIH에 근무하여 온 원로였는데
아침식사의 소소한 값을 1달러까지 따져 가며 용돈을 절약하시는

모습을 보며 놀라지 않을 수 없었다.

박사님의 연구 주제는 폴리아민(polyamine)이었다. 이 물질이 생명체의 증식 조절에 중요하고 생체 보호에도 큰 역할을 함을 밝히고, 그 생합성과 분해 기전을 철저하게 파헤친 업적을 남겼다. 나는 그후 트랜스글루타미나아제(Transglutaminase)라는 효소를 연구하게 되어 그 효소의 기질인 폴리아민을 연구하면서 박사님의 큰 업적을 되새겨 볼 수가 있었다.

2018년 12월 초 미국에 있는 이서구 박사에게서 연락이 왔다. 그는 내가 NIH에서 일할 때 나의 멘토였고, 이후 귀국하여 우리나라 국가과학자 1호가 되신 분이었다. 다름 아니라 테이버 박사의 100세 축하 오찬을 하였다는 전언이었다.

테이버 박사는 1918년 생으로 1941년부터 NIH에서 근무하기 시작하여 77년째 현역 연구원으로 종사하고 있다. 아마도 최장 기간 현역으로 복무한 과학자로 기네스북에 올라야 하지 않을까 싶다. 다만 《생화학저널》의 책임편집인으로서의 역할만은 몇 년 전부터 명예책임편집인으로 내려놓았다고 하였다. 100세 현역, 그것도 세계적인 연구소의 책임연구원으로서 아직도 경쟁적으로 새로운 논문을 발표하고 있는 테이버 박사의 모습은 학문을 추구하는 학자들에게는 존경스러운 귀감이 아닐 수 없다. 연구의 길에 연령 제한이 없고, 탐구욕과 인지 능력이 나이듦에 따라 반드시 줄어드는 것이 아님은 분명하다.

학문의 길에 들어서서 100세가 가깝도록 여전히 나라를 걱정하고 세상을 염려하는 보건사회의학의 대가와, 아직도 생명의 본질을 추구하기 위하여 분자적 세계의 신비를 추적하고 젊은 학자들과 지적인 경쟁을 하며 현역으로 연구하고 고뇌하는 원로 학자의 열정을 보면서 이분들이 바로 청춘임을 깨달을 수 있었다. 나이에 상관없이 젊은이 못지않게 열심히 살아가는 모습을 보며 청춘에는 연령의 한계가 없으며, 청춘은 인생의 특정 시기가 아니라 마음가짐에 있음을 분명하게 보여 주었다.

100세를 위한 준비 1

당신이 처음
경험하게 될
미래를 직시하라

1

장수에 가장 필요한 것은 진정한 인간관계

지구상에서 100세 이상 노인이 많거나, 기대 수명이 길거나, 암·치매 발병률이 낮은 곳으로 선정된 '세계 5대 블루존'은 그리스 이카리아, 일본 오키나와, 미국 캘리포니아주 로마 린다, 코스타리카 니코야 반도, 이탈리아 사르데냐다.

그중 이탈리아 사르데냐 섬은 장수를 연구하는 학자들로부터 많은 관심을 받는 곳이다. 캐나다의 발달심리학자 수전 핑커는 사르데냐의 장수 비결을 '사회적 교류'라고 분석한 바 있다. 사르데냐 사람들이 건강한 이유는 저지방식이나 글루텐 프리 식품 때문이 아니라 사람과의 가까운 관계 때문이라는 것이다.

이 지역은 주택이 밀집해 있고 골목이 사방으로 연결되어 있어 집 밖으로 나오면 마을 사람들을 계속 마주치게 되는 환경이다. 늘 이웃들과 이야기를 나누며 같이 시간을 보내고, 함께 어울려 밥을 먹는다. 이웃과 한 가족처럼 가깝게 지내는 삶은 우리도 누구나 과거에 살았던 자연스런 삶의 방식이다.

인간관계와 수명 사이의 상관관계

브리검영대학교의 심리학자 줄리앤 홀트 룬스태드 연구팀은 30만 9,000여 명을 대상으로 한 인간관계와 수명 사이의 상관관계에 대한 실험 결과, 자신이 속한 공동체에 적극적으로 참여한 사람은 혼자 고독하게 지냈던 사람들보다 사망의 위험이 절반 가까이 줄어들었다는 결론이 나왔다.

해당 연구팀에 따르면, 친구가 별로 없다는 것은 매일 담배를 한 갑씩 피우거나 과음을 하는 것처럼 위협적이며, 비만이나 주로 앉아 있는 생활 습관보다 오히려 해로울 수 있다고 한다. 과거에는 전염병이 생명을 위협하는 요인이었다면, 지금은 사회적 고립이 공공보건의 위협 요인이 되고 있는 것이다.

인간관계가 장수에 절대적인 이유는 무엇일까? 요즘은 온라인으로 대화하고 인간관계를 맺는 경우가 많아졌다. 그러나 온라인 관계는 수명 연장에 큰 도움이 되지 않는다. 메릴랜드대학교 신경과학 연구팀은 사람을 직접 만났을 때와 동영상으로 접했을 때의 뇌를 MRI(자기공명영상)로 촬영했다. 그 결과, 동영상을 볼 때보다 사람을 직접 만날 때 뇌의 여러 부위가 더 활성화되는 것이 관찰됐다.

사람을 만나 눈을 마주치거나, 악수하거나, 하이파이브를 하는 동안 우리 몸에서는 이른바 애정 호르몬이라고 불리는 옥시토신이 분비되고 스트레스 호르몬인 코르티솔이 줄어들며 행복 호르몬인 도파민이 분비되어, 고통이 줄고 기분이 좋아진다.

인간관계와 면역력

인간관계는 면역력에도 영향을 끼치는 것으로 나타났다. 2014년 카네기멜론대학교 연구팀이 건강한 성인 400명을 대상으로 개인적으로 갈등 상황을 겪고 있을 때 주변에서 어떤 도움을 받고 있는지 조사한 뒤, 일반적인 감기 바이러스에 노출시킨 후 반응을 관찰했다. 그 결과, 평소 스킨십을 자주 하거나 가족, 친구들로부터 든든한 지지를 받고 있다고 느끼는 사람들이 스트레스 상황에서 감기에 덜 걸린 것으로 나타났다.

또 사람들과의 갈등을 겪든 안 겪든, 포옹을 더 자주하고 사회적 지지가 강하다고 인식한 사람일수록 감기 증세를 더 가볍게 느꼈다. 대면 접촉은 이토록 놀라운 이점을 가지고 있다. 행복하고 건강하게 장수하고 싶다면 사람들과 얼굴을 마주하는 시간을 늘릴 방법을 찾아야 한다.

평균 수명이 높은
지역의 특징

인간의 삶에서 가장 소중한 것을 꼽으라 하면 건강, 돈, 사랑이라고 할 수 있다. 건강은 내 몸을 의지대로 온전하게 유지하고 활동할 수 있게 한다. 돈은 벌고 쓰는 과정을 통하여 생존과 번영을 누리며 사회적 관계를 형성해 가도록 한다. 사랑은 사람과 사람과의 관계를 통하여 정을 주고받으면서 사람다운 삶을 향유하게 하는 원동력이다. 이 중에서 인간의 생명을 위해 가장 중요한 것을 하나만 고르라면 무엇보다도 건강일 것이다. 건강을 상실하면 모든 것을 잃게 되기 때문이다. 그래서 사람이 인생을 살면서 수많은 일을 겪어 내야 하지만 처음부터 끝까지 절대 소중하게 지켜야만 하는 것이 있다면 그것은 건강이다.

그러나 대부분의 사람은 건강의 소중함을 건강이 훼손되어 고통과 불편을 겪게 되었을 때에야 비로소 깨닫는다. 공기나 물의 가치에 대해 인지하지 못한 채 당연한 듯 여기며 살아가는 것과 같다. 우리는 일상생활에서 건강이 항상 지금처럼 유지될 것이라는 엉뚱한 자만심을 갖는 경우도 많다.

개인의 장수에 영향을 미치는 지역 사회의 역할

누구나 자신의 삶을 지속해 나갈 책임, 주어진 생명을 유지해야할 의무를 하나의 생명체로서 숙명처럼 가지고 있다. 그러한 의미에서 건강의 일차적 책임은 바로 당사자 개인에게 있다고 본다. 본인이 최선의 노력을 다하여 건강을 지키고 최고의 컨디션을 유지하는 것은 개체의 운명적 의무이며 인간으로서의 당위다.

그러나 개인의 건강을 위해 지역 사회가 지켜야 할 의무도 있다. 사람이 혼자만 잘한다고 건강을 유지할 수 없기 때문이다. 지역 사회는 맑은 공기, 깨끗한 물, 안전한 환경을 제공하여야 한다. 세계보건기구는 건강한 가정, 건강한 직장, 건강한 마을을 주장하면서 개개인의 건강을 위해서도 지역 사회의 역할이 중요하다고 강조한다. 건강을 유지하는 데 있어 개인의 노력과 지역 사회의 노력이 모두 필요하다는 것은 지역 주민의 장수도를 보면 여실히 알 수 있다.

실제로 지역 간의 장수도를 비교해 보면 상당한 차이가 나타난다. 우리나라의 경우 100세인의 비율이 군 단위를 기준으로 했을 때 인구 10만 명당 30명에 이르는 장수 지역이 있는가 하면 단 한 명도 없는 지역도 있다. 그뿐만 아니라 젊은 층의 유출이 많은 지역의 장수도를 65세 이상 주민 중 85세 이상 노인의 비율로 비교하여 보았을 때, 그 비율이 8퍼센트 이상 되는 지역이 있는가 하면 4퍼센트도 되지 않는 지역이 있다는 사실은 개개인의 장수가 결국 지역 사회로부터 영향을 크게 받고 있음을 보여 준다.

장수도가 높은 지역의 특징

우리나라 장수도를 조사하는 과정에서 지역별로 장수도가 높은 곳은 몇 가지 특징을 보였다. 첫째, 평야나 해안 지대보다는 중산간 지방으로 장수 현상이 이동하고 있다. 둘째, 기후가 온난한 지역의 장수도가 추운 지방보다 높다. 셋째, 아주 가난한 지역보다는 중간 정도의 경제적 여건을 갖춘 곳의 장수도가 높다. 또한 도로망, 상수도 등의 사회기반시설이 적절하게 갖추어진 곳의 장수도가 그렇지 못한 지역보다 높았다. 장수도가 높은 지역의 특성을 살펴보면 사회 구성원에 대한 장수 여부가 사회적 역할과 책임에 큰 영향을 받는다는 것을 다시 한 번 깨닫게 된다.

지역 주민들의 삶과 생활 습관들을 좀 더 심층적으로 비교해 보면 더욱 흥미로운 사실들을 보게 된다. 환경과 생태적 차이도 중요하지만 주민들의 문화·사회적 생활 패턴의 영향도 크다는 점이다. 가족 관계, 부부 관계, 이웃 관계를 비롯한 인간관계는 물론, 식생활이나 일상생활 패턴이 지역마다 상당한 차이를 보였고, 이러한 요인들이 장수에 큰 영향을 미칠 수 있음을 읽을 수 있다.

100세인을 대상으로 여러 가지 건강지표를 비교하여 보면 산간 지방에 사는 100세인의 건강 상태가 해안이나 평야 지대의 100세인보다 유의미하게 더 좋다. 영양 지표를 비교하여 보았을 때도 마찬가지다. 혈중 비타민 C 농도와 같은 비타민 섭취량이 높을 뿐 아니라, 식품의 일반적 섭취 패턴도 훨씬 다양하였다.

그것은 산간 지방에 사는 분들이 나이가 들어도 보다 많은 운동량을 가지고 있고, 일상 식품으로 보다 다양하고 신선한 산채들을 많이 섭취하였기 때문으로 분석된다. 장수인의 건강 상태가 지역적 영향을 받는다는 사실은 개인의 건강에 대한 지역 사회의 역할에 대해 다시금 점검해야 함을 말한다.

노화 속도는
사람마다 다르다

이제 100세 시대는 현실로 다가왔고, 많은 미래학자가 머지
않아 120세 시대가 온다고 예고하였다. UN은 지구촌에 100세 이
상 인구가 2030년 처음으로 100만 명에 도달하고, 이어 2045년에는
230여 만 명을 기록한 뒤, 2050년에 들어서면 316만 명을 넘어설 것
으로 전망한다.

현재로서는 실감이 나지 않겠지만, 그동안 전 세계를 돌아다니며
수많은 100세인을 만나 본 나의 경험에 의하면 이 수치가 결코 먼
미래의 일이 아님을 알 수 있다. 근래 들어 매우 가파른 속도로 늘고
있는 100세인 증가 추세는 우리나라뿐 아니라 전 세계적으로 나타
나는 현상이다.

'볼티모어 노화종적관찰연구'의 연구 성과

미국 국립노화연구소에서 주관하는 '볼티모어 노화종적관찰연구'

는 1958년부터 현재까지 이어져 오는 세계적으로도 가장 뛰어난 성과를 보여 준 유명한 연구다. 이 연구는 인간의 노화에 대한 많은 숙제를 해결해 주었을 뿐만 아니라 지금까지 잘못 이해되어 온 노화 현상을 새롭게 설명해 주었다. 20세부터 90세까지의 남녀 1,000명 이상을 대상으로, 2년마다 각종 신체 계측, 생리적, 생화학적, 병리적 및 질병 이환 변화를 추적 검사한 30년간의 연구 성과를 보고한 자료가 있는데, 이를 요약하면 다음과 같다.

1) 심장이 고령화에 따라 적절하게 적응함을 밝혔다. 나이가 들면 심장이 약해진다는 기존의 통설이 부정됐으며, 운동 부하 실험을 통해 관상동맥 질환을 조기에 발견할 수 있음을 알아냈다.
2) 혈중 콜레스테롤 수치가 연령에 상관없이 심혈관 질환의 위험 요소임을 밝혔다.
3) 골다공증 요인인 골소실은 연령에 상관없이 비슷하나 골생성률이 연령에 따라 감소함을 밝혔으며, 관절염은 골밀도보다 비만과 체지방 조성이 중요 요인임을 밝혔다.
4) 운동 부하에 따른 산소 소모량으로 측정한 신체적응력은 연령이 10년씩 증가할 때마다 5~10퍼센트씩 저하됨을 밝혔으며, 이러한 차이는 성별 차이보다 실질 근육량에 따라 변하는 것을 밝혔다.
5) 복부 비만이 심장 질환의 위험 요소이며 여성의 둔부 비만

은 심장 질환과 상관없음을 밝혔다.

6) 적절한 체중을 유지한 사람들이 장수함을 밝혔다.

7) 폐기능이 20대에서 80대가 되면서 40퍼센트 이상 저하되는
데 이 변화는 모든 사람에게 유사했고, 흡연이나 폐질환이
기능 저하를 가속함이 밝혀졌다.

8) 일상생활의 영양 섭취가 균형 잡히지 못했음을 지적했고,
이후 균형 있는 식단, 섬유소와 항산화성 식품의 보강 등이
제안됐다.

9) 청력 저하가 여러 연령층에서 다양하게 이루어지고 있음을
밝혔다.

10) 시각 능력은 백내장 같은 질병이 없더라도 연령에 따라 감
소하며, 시력 저하는 심혈관 질환과는 상관없고, 칼슘이나
비타민 E 농도와 상관있음을 밝혔다.

11) 정신적 기능 저하가 신체 노화에 따라 일괄적으로 일어나
지 않으며, 70대보다 훨씬 고령에서도 정신 기능 저하가 초
래되지 않았고, 이는 사람마다 큰 차이가 있음을 보였다.

12) 성격은 나이 드는 것과 상관없이 크게 변하지 않음을 밝
혔다.

볼티모어 연구에서 나온 가장 중요한 성과는 사람마다 노화 속도
가 다르며, 같은 사람도 장기와 조직마다 노화 속도가 서로 다르다
는 것이다. 이는 사람의 노화가 유전자 같은 요인보다 환경적·생태

적·사회적 요인에 더 큰 영향을 받고 있음을 보여 준다.

100세인과 같은 초장수인들을 조사해 보면 이러한 연구 결과는 더욱 분명해진다. 100세가 넘도록 장수하는 사람 중 상당수가 여전히 70~80세가 넘은 자식 세대보다 더 능동적이고 적극적인 생활 태도를 가졌다. 실제로 이들의 건강 상태를 검사하면 별다른 질병 징후를 발견하기가 어렵다. 노화는 모든 사람에게 적용되는 보편적 현상이 아니라 개인에 따라 차별적 특성이 매우 강하게 작동되는 것임을 설명하는 것이다.

이제 연령에 따른 노화나 고령화는 현실적으로 의미가 없다. 오로지 개개인의 의지와 노력에 따른 삶의 차이가 있을 뿐이다. 일례로 초장수인들의 영양 상태를 조사한 결과만 봐도 그 차이는 확연하다. 그들은 자신의 건강 상태에 대해 상당한 자신감을 가지고 있었으며, 대부분이 자신이 여전히 건강하다고 여긴다. 보약이나 영양제, 건강식품 등을 복용한다는 경우는 30퍼센트에 불과했으며, 이 또한 지속적으로 섭취하는 것도 아니었다. 대상자의 70퍼센트가 아홉 시간 이상 수면을 취하며, 바깥 활동을 꾸준히 하고 있었다.

해답은 바로 여기에 있다. 잘 먹고 잘 자고 활발하게 움직이는 것. 규칙적이고 건강한 생활 패턴이 당당한 노년을 살아가는 비결 중 하나다.

🔊 **4**

100세인의 공통 특징은
긍정적인 마음

우리 몸에서 순환과 균형은 매우 중요하다. 특정 동작만 반복하거나 같은 자세를 계속 유지하게 되면 그 부위와 주변의 다른 조직들 간의 혈액순환이 원활하지 못해서 신체 부위별 영양소의 불균형이 나타날 수 있다. 생체를 구성하는 모든 세포는 적정한 생명 활동과 적극적으로 서로를 보완하는 기능을 가지고 있어서 일정하게 움직여야 그 기능이 원활해진다. 따라서 나이가 들면서 의욕이 다소 떨어질 수 있지만, 그렇다고 해서 움직이지 않고 같은 자세로 오래 있거나 한 장소에만 머무르는 것은 생명 활동을 포기하는 것과 같다.

산다는 것은 곧 움직이는 일이다. 의식이 살아 있는 한 움직이기를 멈춰서는 안 된다. 나이가 들면 몸의 노화가 시작되면서 과거보다 기력이 쇠하고 기억력도 다소 깜박깜박하게 된다. 그렇다고 주저앉아 버리면 몸과 마음은 점점 더 의욕을 잃고 만다. 기계도 오랜 시간 사용하지 않으면 고장이 나듯, 우리의 몸과 정신도 사용하지 않으면 이내 석고처럼 굳어 버린다. 스스로의 몸과 마음을 꽁꽁 묶어 가두는 것이다.

건강한 사람일수록 긍정적이다

부정적인 생각에 사로잡혀 이를 떨쳐 버리지 못한 채 오래 가면 그 여파로 몸에도 이상이 생긴다. 마음의 건강은 곧 몸의 건강으로 이어진다. 몸과 마음은 떼려야 뗄 수 없는 불가분의 관계다. 주변만 살펴보아도 몸이 건강한 사람일수록 마음이 긍정적이라는 사실을 쉽게 확인할 수 있다.

육체만 움직인다고 해서 건강할 수 있는 것이 아니다. 마음도 같이 움직여야 한다. 실제로 그동안 만나 온 100세인들이 가진 삶에 대한 자세는 모두 대단히 긍정적이었고 적극적인 삶의 의지와 함께 능동적인 생활 태도를 유지하고 있었다. 과거에 대한 미련과 집착 따위는 훌훌 털어 버리고, 오직 현재의 시간에 충실하게 사는 것이 중요한 이유다.

마스터스 경기 대회에 참가한 노인들이 특별한 경우가 아니다. 80세가 넘은 노인이라도 지속적으로 훈련한다면 40킬로미터가 넘는 마라톤 풀코스를 완주하는 일이 가능하다. 반면에 최고의 기량을 자랑하던 운동선수도 몇 주일만 연습을 중단하면 근육의 양과 질이 눈에 띄게 저하되어 꾸준히 연습한 다른 선수들에게 밀려날 수밖에 없다. 장수에 이르는 길이란 결국 마라톤처럼 끈기 있게 부단히 노력해야 하는 일이다.

PART 2

지금 100세를
살고 있는
사람들의 자화상

CHAPTER 1
100세가 넘어도
당당한 지혜

사람들은 나이가 들면 뜨거운 감성도 없고 빛나는 창의력도 사라질 것이라고 지레 치부해 버린다. 또한 일부 나이든 사람들 중에는 이미 늙어서 이런 것도 못하고 저런 것도 하면 안 된다고 스스로 미리 포기해 버리는 경우들이 있다. 그러나 실제로 빛나는 불후의 명작들 중 상당수는 대가들이 만년에 완성한 작품이다.

독일 문학의 최고봉인 괴테는 60세부터 80세 사이에 창작력이 절정에 달했고, 그의 대표작인 〈파우스트〉는 82세에 완성됐다. 르네상스 시대의 거장 미켈란젤로는 89세로 생을 마감하기 직전까지 〈론다니니의 피에타〉 제작에 몰두했다. 이탈리아 작곡가 주세페 베르디는 73세의 만년에 〈오델로〉라는 오페라 걸작을 남겼고, 미국의 위대한 건축가 프랭크 로이드 라이트는 78세까지 구겐하임미술관을 설계했다. 우리 역사에서도 황희는 87세까지 정승의 자리에 있었다. 송시열, 허목 등도 여든이 넘은 고령임에도 명재상과 대학자로서의 풍모를 견지하였다는 기록들이 있다.

예술과 학문 모든 분야에서 나이에 상관없이 계속해서 훌륭한 작품을 창작하고 업적을 완성한 사람들의 이야기는 노화에 대한 우리의 고정관념을 바꾸기에 충분하다. 단순히 나이가 많다는 이유로 으레 지적 능력이나 감성이 떨어졌으리라는 선입관은 버려야 한다. 한국인 100세인 조사에서도 이런 분들을 만날 수 있었다. 백 살이 넘어서도 당당하게 살고 계신 분들은 인생의 마지막까지 지혜와 지식의 열정을 지키고자 하는 삶의 자세를 가지고 있었다.

집안 대소사를 직접 지휘하는 105세 할아버지

2018년 여름에 구곡순담(구례군, 곡성군, 순창군, 담양군) 장수벨트 지역의 100세인 현황을 조사하기 위하여 전남대학교 노화연구소팀과 함께 준비하였다. 섭씨 40도가 넘는 폭염으로 출발을 일주일 연기하는 우여곡절 끝에 조사가 시작되었다. 가장 먼저 찾아가 만난 분은 105세 김복성 할아버지였다. 전남 구례군 구례읍 백련길에 위치한 김복성 할아버지의 집에는 예쁜 꽃들과 나무들이 가득한 정원이 있었다. 경제적으로 여유 있는 집이었다. 김복성 할아버지를 36년째 모시고 산다는 둘째 며느리가 우리를 따뜻하게 맞아 주었다.

김복성 할아버지는 부모님이 머리를 깎으면 안 된다고 하여 학교 대신 서당에 다녔다고 한다. 할아버지는 젊은 시절에 명주와 무명을 대량으로 거래하는 사업을 하여 경제적으로 크게 성공하였으며, 이후 지금까지도 재산 관리를 철저하게 본인이 직접 하고 있었다. 며느리는 시아버지가 아직도 집안 대소사의 전권을 쥐고 있다고 하였다. 마당에 나무 한 그루를 심을 때도 시아버지의 허락을 받아야 한다고 했다.

김복성 할아버지는 다른 사람에게는 별로 관심을 갖지 않아 매우 이기적이라는 소리를 듣는다고 하였다. 잠자리에 들면 숙면을 취하여 곁에서 큰일이 나도 모를 정도로 깊은 잠을 잔다고 한다. 혼자서 버스를 타고 광주에 사는 딸집을 찾아갈 수 있으며, 병원 가기, 건강식품과 약을 챙겨 먹는 일도 스스로 다 하고 있었다.

김복성 할아버지는 12세에 결혼하였고 자식은 2남 4녀를 두었으며, 20년 전 아내를 사별하였다. 식성이 좋고 입맛이 까다롭지 않아 짜든 싱겁든 신경 쓰지 않고 가리는 음식 없이 식사를 잘한다고 하였다. 또한 라면도 즐겨 먹는다고 하였다. 다만 당신의 건강에 대해서는 매우 예민하여 일주일에 두 번씩 반드시 병원을 찾아야 하는 건강염려증을 가지고 있다고 하였다. 자신에 관련된 모든 일, 즉 재산이나 일상생활, 건강 문제들을 자식에게 의지하지 않고 자신의 판단에 근거하여 지키고 있었다.

재산 관리 위해 매주 지적도 확인하는 102세 할아버지

강원도 인제군 기린면에 사는 102세 김휴갑 할아버지의 경우는 일대기와 일상 모습이 매우 독특하였다. 그는 젊은 시절 소장수를 하면서 푼푼이 모은 돈으로 삼팔선 이북의 수복지구 땅들을 사 모았다. 그 땅들이 첩첩산중의 내린천 흐르는 지역으로 인기 관광 지대와 펜션 지역으로 개발되면서 땅부자가 되었다.

김휴갑 할아버지는 아직도 자신의 재산을 몸소 관리할 뿐 아니라, 혹시 자기 모르게 재산상 사고라도 날까 염려하여 매주 면사무소에 나가서 지적도를 직접 확인하고 있었다. 백 살이 넘었지만 재산 관리를 위해 능동적이고 적극적으로 행동하고 있었다.

백 살 넘은 어르신이 읍내 시장까지 버스를 타고 다니며, 쉬지 않고 몸을 부지런히 움직였다. 자식들이 조금 쉬시라고 말씀드리면 "가만있으면 뭘 해" 하면서 오히려 질책하였다. 80세가 넘은 며느리에게 시아버지에 대해 묻자 돌아온 단평은 너무도 놀라왔다. "아버님은 웽웽거리는 벌 같아!" 지금도 모든 일에 간섭하고, 쉴새없이 참견하는 모습을 단호하게 혹평한 것이다. 그러한 평을 듣는 순간, 그동안 100세인 남성 노인들에게서 공통적으로 발견되었던 모습이라는 생각이 들었다.

실제로 조사단이 만난 남성 장수 노인들은 거의 대부분 부지런히 일을 찾아 하는 분들이었고, 여러 가지 대소사에 여전히 직접 참여하고 있었다. 자식들 입장에서는 불편함이 있을 수도 있지만, 이분들이 건강하게 100세를 누릴 수 있는 힘은 적극적인 참여 의지와 능동적인 행동에서 나오는 것이 아닐까.

큰방을 차지하고 있는 102세 여장부 할머니

나이가 들면 자식들에게 큰방을 내 주고 건넛방을 사용하는 경우가 대부분이다. 100세인 조사를 하기 위해 전국 방방곡곡을 찾아다녔는데, 자식들과 같이 사는 100세인 중에서 큰방을 차지하고 있는 분은 거의 없었다. 그런데 예외가 있었다. 전남 곡성군의 102세 하현순 할머니의 집을 찾아가 보니 할머니가 큰방을 쓰고, 일흔다섯 살인 둘째 아들 내외가 작은방을 쓰고 있었다. "어머님께서 큰방 쓰고 계시군요." 지나가는 말로 내뱉은 나의 말에 아들은 "우리 어머니는 큰방 쓰실 만해" 하며 더 이상 설명하지 않았다.

하현순 할머니는 바느질을 할 정도로 눈도 밝고, 식사도 가리지 않고 잘하였다. 성격은 까다롭지 않으며, 가끔 욱하거나 화를 내도 금방 풀어지고, 걱정을 별로 하지 않는 낙관적 성격이었다. 아들은 어머니가 아직도 술을 드신다고 걱정하였다. 손주들이 인사 와서 용돈을 드리면 모아 두었다가 집 앞 구멍가게에서 소주를 사 와 숨겨 놓고 수시로 드신다는 것이다. 술을 한 모금도 못 하는 아들의 입장에서는 어머니의 음주가 보통 걱정이 아니었다. 가끔 술병을 찾아 없애기도 하지만 어머니가 교묘히 숨겨 두어서 못 찾을 때가 많다고 하였다. 모자간에 술병 찾기 숨바꼭질을 즐길 정도로 정정하였다.

할머니에 관한 이야기를 아들 내외와 나누어 보니, 아들 내외는 효성이 지극한 이들이었다. 면담을 마치고 일어서려는데 할머니가 갑자기 나를 붙잡았다.

"내가 부탁이 있네."

"무슨 부탁이십니까? 말씀하십시오."

"나가다가 우리 며느리 보거들랑, 내가 며느리 칭찬하더란 말 꼭 해 주고 가게."

100세를 넘어서도 가족의 세밀한 부분까지 챙기는 모습에 깜짝 놀라지 않을 수 없었다. 며느리에게 시어머니가 칭찬하더란 말을 전하니 며느리는 미소로 답하였다. 100세가 되어도 이런저런 상황에서 슬기를 베풀며 당당한 모습으로 여전히 집안일을 주도하고, 집안의 가장 큰 어른으로서의 역할을 다하고 있는 모습을 보면서 당당하게 나이 든다는 것은 축복임을 느꼈다.

체면 세워 주길 부탁하는 104세 할아버지

전남 곡성군 석곡면에서 만난 104세 조진형 할아버지와 89세 문귀순 할머니는 두 부부만 살고 있었다. 얼마 전부터 할머니가 거동을 하지 못하여 요양보호사 서비스를 받지만 주로 할아버지가 아내를 부양하며 살고 있었다. 아들 둘, 딸 다섯을 두었으며, 할아버지는 한양 조씨 양반 가문임을 강조하였고, 열심히 살았다며 일생을 자부하였다. 할아버지에게는 형제가 남 3명, 여 3명이 있는데, 형제가 모두 살아 있다며 장수 집안의 면모를 자랑하였다. 생활비는 자식들이 수시로 보내 준다고 하였다.

조진형 할아버지는 살면 얼마나 살겠냐고 생각하여 틀니를 안 했는데 지금은 불편하다고 하였다. 빈뇨와 요실금 증세가 있다고도 하여서 병원에 가면 약이 있다고 알려 드렸더니 남사스럽게 어떻게 남에게 소변 이야기를 하느냐며 손사래를 쳤다. 할아버지는 "자식들 잘산께 복이라고 하는데 무슨 복이여, 죽을 수가 제일 좋은 수여"라면서 "마음밖에 쓸 데가 없어. 젊은 때가 좋았어. 앉아 버리면 끝이여"라며 자포자기적인 표현을 하였다.

할아버지는 우리와 동행한 면사무소 직원을 보고는 "내가 가면 아는 체 해 줘" 하면서 자신의 체면을 세워 달라고 부탁하였다. 자신의 위상을 견지하기 위하여 아무리 나이가 들어도 머리를 쓰는 태도였다. 체면을 지키려는 100세인의 태도는 인간에게 자긍심이 얼마나 중요한가를 느끼게 해 주었다.

청춘 보낸 중국 대륙을 다시 돌고 싶다는 100세 할아버지

경북 문경시 산양면 신전마을에서 100세 고삼석 할아버지를 만났다. 마을 사람들은 고씨 집성촌 500년 역사에 최장수 어르신이라며 자랑이 대단하였다.

고삼석 할아버지는 기골이 장대하였고, 텃밭에서 콩이나 고추 등의 농사를 직접 지을 만큼 근력이 있었다. 보청기는 사용하지만 안경을 쓰지 않고 신문을 볼 만큼 시력이 좋았다.

고삼석 할아버지는 스무 살까지 서당에서 한학을 배웠고, 중국과의 교통이 가능해지자 중국으로 건너가 청춘을 보냈다. "젊어서 안해 본 것 없어! 화류계 생활도 해 보았고." 자신만만한 할아버지의 태도에 위압감을 느낄 정도였다. 지금 무엇을 하고 싶은지 묻자 기다렸다는 듯 "중국 따이린, 샹하이, 뻬이징 그리고 쏘련, 구라파 한번 휙 돌고 싶어"라고 하였다. 스케일도 웅장하였고 무엇보다 기개가 대단하였다. 나이에 상관없이 자신의 욕구를 마음껏 펼쳐 보이는 할아버지의 당당한 태도는 노인이라는 현실에 위축되는 젊은 노인들(?)에게 던지는 경구 그 자체였다.

할아버지에게 가장 보고 싶은 사람이 누구인지 묻자 "다 죽고 없어. 친구들이 다 죽고 말았어" 하며 말소리를 낮추었다. 실은 몇 년전 떠나 버린 둘째 부인이 보고 싶다는 말을 하고 싶었지만 자식 앞에서 그 말을 꺼내기가 불편하였던 것이다. "지금도 정지에서 들어오는 것만 같아" 하며 울적해했다. 자식보다 그래도 살을 맞대며 살았던 부인을 그리워하는 것이다. 그러더니 "수(壽)는 다 정해진 거야. 백 살 넘게 산다는 것, 약 먹어서 되는 것 아니야" 하며 달관한 모습을 보였다.

울적해진 할아버지를 위로할 겸 할아버지에게 노래를 청하였다. 처음에는 주저했지만 다시 간청하자 우렁차게 목청을 높였다. "두만강 푸른 물은…" 한 곡 또 부탁하자 거침없이 〈신고산타령〉을 불렀다.

책 읽는 109세 일본 할머니

일본 100세인 연구 책임자인 히로세 박사로부터 도쿄 근교 이바라키현의 초장수인 인터뷰에 동행하지 않겠느냐는 제안을 받고 기꺼이 응하였다. 아키하바라 역에서 히로세 박사를 만나 전철을 타고 류가사키시의 요양원에 계신 109세인 다카오 고메 할머니를 만나러 갔다. 일본 제세회(濟世會)에서 운영하는 요양원은 깔끔한 환경이었다.

우리가 도착했을 때 고메 할머니는 누워서 책을 읽고 있었다. 《모모타로》라는 일본 그림 동화책이었다. 109세가 된 어르신이 책을 읽는 모습이 신선하였다. 모모타로는 자식이 없는 노부부가 강물에 떠내려 온 복숭아를 주웠는데, 그 안에서 남자아이가 나타났고 그 아이가 자라 영웅적인 일을 많이 하였다는 일본의 전설이다.

할머니의 기본적인 인지 능력이나 시청각 기능은 온전하였다. 조각을 모아서 오각형을 만들고 그리는 일도 완벽히 해냈다. 종이학을 접어 주겠다면서 색종이를 접었는데 비록 끝까지 완성하지는 못했지만 거의 마지막 단계까지는 접었다. 할머니는 인터뷰 도중 조금이라도 짜증이 나거나 답하기가 곤란하면 "아파, 아파, 다리가 아파" 하면서 상황을 회피하였다. 수리 능력을 확인하기 위해 100에서 7 빼기, 다시 93에서 7빼기를 묻는 조사에서도 93까지는 맞추다가 그 다음 질문을 하자 "아파, 아파, 다리가 아파" 하면서 답을 피했다. 언제까지 살고 싶냐는 질문에도 엉뚱하게 "아파, 아파, 다리가 아파" 하면서 회피했다. 답하기 곤란할 때 바로 거절하지 않고 상대방에게 어색하지 않게 적절하게 대응하는 할머니의 대화 방식이었다.

할머니는 조사 중에도 동화책을 꼭 쥐고 있었다. "할머니, 그 책을 읽어 주실 수 있으세요?"하고 물었더니 거침없이 처음부터 끝까지 읽어 내렸다. 반시간이 넘게 쉬지 않고 읽었다. 중간에 중단시키려고 하였지만 소용없었다. 책을 읽기 시작하자 바로 빠져들어 어떤 말도 듣지 않았다. 스스로 흥에 겨워 있었다. 다 읽은 다음 "피곤하세요?" 하고 물었더니 "아니"라고 답하며 책을 읽어 준 것을 뿌듯하게 생각하였다.

할머니에게 내가 한국에서 왔음을 밝히고 "한국을 아세요?"라고 질문했다. "한국이 조선이지요?" 하며 반문하기에 그렇다고 답하고 "한국이 어떤 나라라고 생각하시나요?" 하고 물었다. 할머니의 답은 뜻밖이었다. "한국이 좋은 나라라고 들었다"라는 것이다. 그래서 "왜 한국이 좋은 나라라고 생각하세요?" 하고 물었더니 다시 "아파, 아파, 다리가 아파" 하면서 답을 피하였다. 무엇인가 답하기 거북하면 할머니는 다리가 아프다는 엉뚱한 핑계로 회피하였지만, 일본의 초장수인이 우리나라에 대하여 좋은 감정을 가지고 있다는 점은 새로웠다.

할머니는 거동할 때마다 도움을 필요로 하는 신체의 불편함은 있었지만, 110세를 앞둔 나이에도 열심히 책을 읽으며 스스로 흥겨워하는 모습은 감동이었다.

데카르트가 "생각한다, 고로 나는 존재한다"라고 선언한 명제에 대하여, 최근 뇌신경학자들은 "존재한다, 고로 나는 생각한다"라고 반론한다. 사유와 지적 활동의 가치도 중요하지만, 존재한다면 지적 활동은 마땅히 따라가야 한다는 것을 부각하려는 뜻이다. 반드시 학문적이고 문화적인 측면에서의 지적 활동만 중요한 것은 아니다. 아무리 나이가 들어도 생명이 유지되는 한 인간이 추진하는 모든 활동이 지적 판단과 평가를 통하여 이루어져야 한다.

늙음을 예찬하는 대표적인 이야기로 노마지지(老馬之智) 사례가 있다. 중국 제나라 환공이 고죽국을 정벌하고 돌아오는 길에 혹한 속에 길을 잃게 되었다. 진퇴양난에 빠진 채 추위에 떨고 있을 때, 당대 최고의 재상이었던 관중이 "이런 때에는 늙은 말의 지혜가 필요합니다"라고 충언하였다. 이에 즉시 늙은 말 한 마리를 풀어 놓았고 그 뒤를 따라 행군한 지 얼마 안 되어 큰길을 찾았다는 고사다. 나이 든 말이 가진 경험과 지혜를 활용함으로써 위기를 극복한 일은 이후 노인의 지혜를 상징하는 말이 되었다. 오랜 연륜이 위기에서 큰 힘을 발휘할 수 있음을 보여 주었을 뿐 아니라 노인의 지적 활동이 사회적 문제 해결에도 큰 역할을 할 수 있음을 이야기한다.

집안 대소사며 자신과 관련된 모든 일을 직접 처리하는 100세인, 백 살 넘게 살았어도 여전히 세상을 누비며 살고 싶은 욕망을 가진 분들은 당당한 노화의 패러다임을 보여 주고 있었다. 이런 삶들은 헤밍웨이가 〈노인과 바다〉에서 노인에 대해 언급한 다음의 표현을 연상시킨다.

"노인의 모든 것이 늙거나 낡아 있었다. 하지만 두 눈만은 그렇지 않았다. 바다와 똑같은 빛깔의 파란 두 눈은 여전히 생기와 불굴의 의지로 빛나고 있었다."

100세에 이르러서도 여전히 자신의 일과 삶에 당당한 어르신들을 보면서 거룩한 생명을 당당하게 지켜 나가는 생기와 불굴의 의지를 읽을 수 있었다.

CHAPTER 2
100세인의 기다림과 그리움

<u>100세까지 살면서 좋은 일 궂은 일이</u> 왜 없겠는가? 사람이 살면서 사랑하는 사람과 부득이 헤어져 기다리고 그리워하는 것만큼 안타까운 일은 없을 것이다. 100세인 조사에서도 슬프고 안타까운 기다림의 사연들이 있었다.

100세인들 중에는 한국전쟁으로 가족을 잃거나 헤어지는 가슴 아픈 일들을 당한 경우가 있었다. 또한 한센병과 같은 특수 질환에 의해 사회적 격리를 당한 이별도 있었다. 100세까지 살다 보면 사랑하는 사람을 먼저 떠나보내는 일도 많았다. 수십 년 넘게 그리움으로 가득한 삶을 살아온 100세인들의 모습을 보면 뭉클한 마음을 걷잡지 못하게 된다.

역사의 아픔을 안고 사는 이산가족

어느 날 TV의 〈모란봉클럽〉이라는 프로그램을 통해 오랜만에 재개된 남북 이산가족이 상봉하는 장면을 보게 되었다. 자식 하나 데리고 남쪽에서 65년 동안 혼자 살아온 이순규 할머니가 북한의 남편과 금강산에서 상봉하면서 울며 껴안는 장면이었다.

남편 오인세 할아버지는 이미 북한에서 재혼하여 아들 셋, 딸 둘을 두고 있었다. 남편이 북에서 재혼한 것에 대하여 어떻게 생각하느냐는 질문에 담담하게 "그냥 살아 있어 고마워"라고 하면서 남편의 재혼에 대하여서는 전혀 서운함을 표시하지 않았다. 사랑하는 사람이 살아 있다는 사실만으로도 매우 행복하다고 하였다. 그러면서 〈추억의 소야곡〉을 애절하게 부르는 할머니의 모습을 보니 가슴으로 울컥 치솟는 감정을 느끼지 않을 수 없었다.

"다시 한 번 그 얼굴이 보고 싶어라. 몸부림치며 울며 떠난 사람아. 저 달이 밝혀 주는 이 창가에서 이 밤도 너를 찾는, 이 밤도 너를 찾는 노래 부른다." 이순규 할머니가 남편을 그리워하며 65년 동안 청상으로 살아온 것을 담담하고 쓸쓸하게 노래하면서 후회하지 않는 모습을 보며 부부란 무엇인가, 가족이란 무엇인가, 사랑이란 무엇인가를 되새겨 보지 않을 수 없었다.

특별히 강원도 100세인 조사에서는 이산가족의 사연을 가진 이들을 종종 만날 수 있었다. 통일전망대에서 멀지 않은 고성군 산속 마을에서 만난 100세 할머니는 양아들과 함께 살고 있었다. 두 분의 관계는 특별하였다. 한국전쟁 때 할머니 남편은 납북되었고, 북한군이었던 양아들은 포로가 되었다가 방면되어 북에서 가장 가까운 고성군으로 들어와 이곳에서 할머니를 만나 함께 살게 되었다.

50년이 지났지만 할머니는 재혼하지 않고 오로지 남편이 돌아올 날만 기다렸다. 언젠가 돌아올 남편이 집을 찾아올 수 있도록 이사도 하지 않고 그 집에 그대로 살고 있었다. 양아들도 결혼하지 않고 통일만 되면 제일 먼저 북으로 달려가 가족들을 만나기 위하여 기다리는 삶을 살고 있었다. 양아들은 통일이 되면 그동안 모은 모든 재산을 할머니께 다 드리고 자신은 단 한 푼도 가지지 않고 고향땅으로 가겠다고 하였다. 할머니에게 양아들의 그런 뜻을 들으면 서운하지 않으냐고 묻자, "사람이 가족 찾아간다는데 어떻게 해" 하고 답했다. 서로가 동병상련하는 모습이었다.

반백 년이 넘었어도 변함없이 남편을 기다리는 마음, 북에 남겨둔 가족을 찾아가기 위해 결혼하지 않고 평생 기다리며 살아가는 두 사람을 보면서 그리움의 강렬함과 위대함을 느끼지 않을 수 없었다.

사회와 단절된 채 장수하는 한센병 노인들의 그리움

우연한 기회에 소록도에 사는 한센병 환자들이 장수한다는 사실을 알게 되었다. 우리나라 최장수인을 찾으러 고흥을 방문하는 일정에 함께했던 복지부 직원이 자신이 오래 근무했던 소록도를 인사차 방문하자는 권유로 그곳을 방문했다. 그리고 그곳에서 우연히 이들의 사망 연령이 외지보다 높다는 것을 알게 되었다. 소록도 주민인 나환자들에 대한 자료는 공개 자료에 없었기 때문에 전혀 예측하지 못한 상황이었다.

소록도에서 만난 87세 최호군 할아버지는 경북 고령군이 고향인데 15세에 발병하여 22세에 소록도에 들어와 65년째 살고 있었다. 아직도 강한 경상도 사투리를 사용하고 있었다. 그는 소록도에 들어와 만난 부인과 결혼하여 33년을 함께 살다가 사별한 후, 91세의 이양순 할아버지와 같은 방에 기거하고 있었다. 두 분 모두 의족으로 불편한 몸이었지만 서로 의지하며 살고 있었다.

최호군 할아버지는 자아가 강하고 본인이 이해하지 못하는 점에 대해서는 철저하게 반문하는 꼼꼼한 성격이었다. 우울증 검사에서도 부정적인 측면을 찾아 볼 수 없었다.

"예수 믿는 사람이 무슨 기분 나쁜 일이 있겠어. 나라에서 밥 주고 옷 주는데 무슨 불만이 있겠어."

"내 영혼은 하나님께 간다고 믿고 살아."

"고향이 어디 있어. 여기가 고향이지."

달관한 성자의 어록을 듣는 것만 같았다. 이런 분은 누가 가장 그립고 보고 싶을까 궁금하여 묻자, "뭐 보고 싶은 사람 있겠어?"라고 반문하였다. 그래도 정말 보고 싶은 사람이 없는지 채근하며 물어보자 "동생들, 여동생이 보고 싶어"라며 조용하게 대답하였다. 어머니도 보고 싶지 않느냐고 되묻자 가슴 아픈 답이 나왔다. 어머니는 당신이 소록도로 들어오게 된 후 석 달도 못 되어 돌아가셨다는 것이다.

최호군 할아버지는 돌아가신 어머니는 곧 천국에서 만날 것이기에 지금 굳이 보고 싶어 할 필요가 없다고 생각하였다. 가 버린 사람은 보고 싶어 해 봐야 소용없다는 달관이고 체념이었다. 그러나 아직 살아 있을 여동생을 그리워하는 그에게서 가슴 아픈 형제애가 느껴졌다. 소록도로 떠나게 되었을 때 여동생들이 뒤쫓아 오지는 못하고 집 뒤에 숨어서 어이어이 통곡하며 이별을 서러워하던 모습을 도저히 잊을 수 없다고 하였다.

"고향을 떠날 때, 내 나이 스물두 살이었지. 그때 큰 여동생이 열두 살, 작은 누이가 아홉 살이었어. 지금 살아 있다면 일흔일곱이고 일흔네 살일 텐데……. 그 녀석들 어디서 살고 있는지도 몰라."

자신이 나환자라는 소문이 나면 여동생들의 장래에 문제가 생기기 때문에 온 집안이 쉬쉬하였다고 한다. 세월이 흘렀어도 연락 한 번 할 수 없었던 오누이였다.

최호군 할아버지만 누이들을 보고 싶어 하였을까? 그분의 여동생들은 오빠가 얼마나 보고 싶었을까? 정치적인 분단도 문제지만 이와 같은 사회적 절연도 문제가 아닐 수 없다.

삶을 신앙으로 무장하고 꼼꼼하고 단호한 성격의 최호군 할아버지도 예순다섯 해의 기나긴 세월이 흘렀는데도 일찍 헤어졌던 피붙이 누이들을 그리워하는 마음을 속으로 다져 가며 눈물 흘리고 있었다.

75년을 청상과부로 살아온 98세 할머니

전남 담양군 수북면 삼인산 산기슭에 사는 99세 유남수 할머니를 만났다. 할머니는 열여덟에 시집 와서 스물넷에 아들 하나 남기고 남편이 세상을 떠나 75년 가까이 청상과부로 지냈다. 아들 부부가 잘 모시고 있어 할머니는 차림도 깨끗하고 몸가짐도 단아하여 조사팀에게 잔잔한 감동을 주었다.

할머니는 우리를 만나자 마자 "사람이 온 깨 좋소. 오래 산 깨 별일도 다 있소. 사람이 귀해라우" 하며 반겨 주었다. 그러면서 "아들이 좋제. 어째서 그리 좋은 며느리 얻었는가 몰라" 하면서 아들 내외에게 감사를 표하였다.

할머니는 독학으로 한글을 깨우쳤다고 했다. 나이가 지적 활동의 걸림돌이 아님을 증명한 것이다. 노래 한 곡을 청하였더니 할머니는 뜻밖에도 한글 국문가를 부르셨다.

> 가갸거겨 가신 님은 거년에 소식이 돈절하고
> 고교구규 고대한 님 그러다가 구곡간장 다 녹는다
> 나냐너녀 나의 회포 너라도 전해다오 저 기러기
> 노뇨누뉴 노던 정경 눈앞에 완연히 삼삼하네
> 다댜더뎌 달에 갈길 저물고 더디고 더디도다
> 도됴두듀 동산 위에 두견새 소리도 구슬프다
> 라랴러려 낙엽성에 역력히 과거사를 생각하니

로료루류 뇌성소리 우루룩 속이고 지나갔네

마먀머며 마음속에 먹은 정이 오나가나 님의 생각

모묘무뮤 모진 님은 무정코 독하기 제일일세

바뱌버벼 밝은 달을 벗삼아 앉아서 탄식하니

보뵤부뷰 보고 싶어 부지중 눈물이 솟아나네

사샤서셔 상사한 마음 시름이 솟아서 못살겠네

소쇼수슈 수시마다 수심가 자탄이 절로 난다

아야어여 아버님은 어머님 정화가 진정이지

오요우유 오라버님 우리 집 가사를 살펴주소

자쟈저져 잠을 자니 적적한 공방의 고독한 몸

조죠주쥬 주인 잃은 가을하늘 기러기 울고 간다

차챠처쳐 창문 밖에 처량한 그 소리 처연하고

초쵸추츄 촛불 앞에 그림자 홀로이 앉았으니

카캬커켜 캄캄하온 야밤중 올 이가 없네 그려

코쿄쿠큐 코를 고니 쿠루룩 쿠루룩 잠이 들어

타탸터텨 탄식하니 터지는 가슴을 어이하리

토툐투튜 툭툭치며 내 신세야 이럴 줄 내 몰랐네

파퍄퍼펴 팔자한탄 퍼붓는 눈물은 어이하리

포표푸퓨 풍랑에 조각배 둥실 높이 떴네

하햐허혀 하릴없이 처량한 내 꿈도 허사로다

호효후휴 후세에서나 다 못한 연분을 맺어보세

얼씨구 절씨구 지화자 좋다

아니 놀고서 무엇하리

가 행부터 하 행까지 모두 외워서 들려주어 깜짝 놀랐다. 어렸을
적 나의 할머니가 부르던 소리였다. 이제는 까마득하게 잊힌 옛날
국문가를 들을 수 있어 나도 돌아가신 할머니를 생각하며 숙연해지
는 마음이 들었다. 할머니의 한이 맺힌 인생사를 그대로 읊는 듯한
내용이었다.

할머니에게 살아오는 동안 가장 힘들었던 일을 묻자, 긴 한숨을
내쉬면서 "영감 잃고 한세상 못 본 것이 한이여" 하며 조사팀의 여성
멤버들에게 "영감을 하늘같이 여겨야 해"라는 당부를 남겼다. 청상
과부 생활 75년 내내 일찍 떠나 버린 남편을 그렸던 할머니의 모습
을 보면서 남겨진 자의 그리움과 엄숙하고 안타까운 인생사를 돌아
보게 되었다.

3세기에 걸쳐 살아온 107세 할머니의 순애보

2004년도에 105세 이상 되신 분들만 따로 조사할 기회를 가졌다.
산세가 독특한 마이산을 지나 전북 진안군 백운면으로 들어서서 윤
정안 할머니를 만났다. 할머니는 계유생(1897년)으로 19세기, 20세
기, 21세기의 3세기를 걸쳐 살아온 특별한 분이었다. 조사팀이 만났
을 때 107세였고 자식이 팔남매였다. 이들 또한 자식을 많이 낳아 5

대 가족을 이루면서 직계 자손의 숫자만 총 200명이 넘는 대가족이었다.

할머니는 백 살이 훨씬 넘었지만 여전히 곱고 수줍음이 매우 많았다. 가족들에게 오래 사는 것에 대한 미안함을 표시하며 대변을 적게 나오게 하려고 일부러 밥을 적게 먹는다고 하였다. 200명이나 되는 많은 가족 중에서 할머니는 누가 가장 보고 싶을지 궁금했다. 손자일까? 증손자일까? 고손자일까? 그래도 손주가 제일 보고 싶을 것이라고 지레 짐작하며 물었다. 할머니의 답은 의표를 찔렀다. "보고 싶다면 데려다 줄 거야?" 하며 혼자 중얼거렸다. "천당 가서 만날 수 있을랑가 모르겠어." 30년 먼저 세상을 떠난 남편에 대한 그리움이었다. "천당 가서 영감님 만나면 무엇을 하고 싶으신가요?" 하고 다시 물었다. 할머니는 이내 "뭐하긴. 영감 만나면 꼭 묻고 싶은 말이 있어. 그동안 나 없이 어떻게 살았는지 묻고 싶어."

초백세인의 나이에도 남편에 대한 애틋한 그리움을 품고 사는 할머니의 순애보는 마이산을 떠나는 밤길을 환히 밝혀 주는 달빛이었다.

백수연에 춤추고 노래한 109세 오뚜기 할머니

백수연 때 춤추고 노래하였다는 엄옥군 할머니의 소문을 듣고 대전 안영 IC를 나와 산성 네거리를 헤매다가 집을 겨우 찾았다. 할머니는 을미생(1895년생, 당시 109세)으로 그 당시 우리나라 여성 최고 장수인이었다. 호적에는 1894년생(갑오생)으로 되어 있어 우리나라에도 110세 이상의 초고령자를 뜻하는 '슈퍼센티내리언(supercentenarian)'이 등장하였다는 기대를 가졌다. 그러나 딸이 할머니가 양띠임을 강력하게 주장하여 오히려 아쉬웠던 경우다. 할머니는 손님들이 왔다고 머리까지 다듬고 나와 맞았다.

여든이 넘은 큰며느리가 모시겠다고 하여 서울에 계시던 할머니를 모셔 왔는데 큰며느리가 무거운 병이 들어 실질적으로 손자며느리가 모시고 있었다. 엄옥군 할머니는 교회 전도지를 나누어 줄 정도로 건강이 양호하였고, 몇 년 전까지만 해도 동네 목욕탕에 혼자 다녀올 정도로 정정하였다. 가족들은 할머니 건강이 타고 나셨다고 이구동성으로 말하며 할머니의 별명이 '오뚜기'라고 했다. 할머니는 통장을 직접 관리하였고, 손부가 목욕을 시켜 드리면 만 원을 준다고 하였다.

할머니에게 가장 큰 걱정거리는 아픈 큰며느리였다. 할머니는 우리 조사팀에게 "며느리나 어떻게 해 줘" 하고 부탁하더니 "하나님이 나를 천국으로 데려 가는 것을 잊었나 봐"라며 중얼거렸다. 첫째 아들을 20대 후반에 출산한 것이 궁금하여 묻자, 신세타령을 하였다. 종손며느리로 시집왔는데 결혼 후 10년이 되도록 자식이 없어 그 과정에서 꽤나 마음고생이 심하였던 듯하였다. 종손며느리로 죽도록 농사만 지었다며 고되었던 종갓집 시집살이를 상기하였다. "하루 참고 이틀 참고 사흘 참고 살았어."

그런 할머니에게 지금 누가 가장 보고 싶냐고 묻자, 할머니는 웃음을 지으며 "어디가 있갔는디 보고 싶어" 하며 당신이 보고 싶은 당사자가 이미 돌아가셨음을 암시하였다. 우리는 짓궂게 굳이 누가 가장 보고 싶냐고 채근하였다. 할머니는 "보고 싶어도 볼 수가 있간디. 제일 보고 싶기야 영감이지" 하며 울적한 표정을 지었다. 할머니는 당시로서는 드물게 회혼례를 치를 만큼 남편과도 90세 무렵까지 오래오래 좋은 금실로 살았다. 백 살이 넘어 또 10년이 더 넘도록 살면서도 여전히 먼저 떠난 남편을 그리워하고 있었다.

초고령자들을 만날 때마다 본인들의 특별함도 있었지만 참으로 신기한 것은 이분들의 가족 사랑이 유별나게 돈독하다는 점이었다. 우리가 일어서려고 하자 할머니가 며느리를 가리키며 "손부가 천사여" 하고 칭찬하였다. 오래도록 그 말이 귀에 쟁쟁하게 울려 왔다.

세계인을 감동시킨 조선 시대 부부 사랑 이야기

부부 간 그리움의 압권은 450년 전 무덤에서 나온 편지와 미투리에서 찾아볼 수 있다. 경북 안동에 살던 조선 시대 사람 이응태의 무덤을 이장하던 중 애절한 필치로 쓴 '원이 엄마의 한글 편지'와 '머리카락으로 삼은 미투리'가 발굴되었다. 젊은 나이에 병들어 누운 남편을 안타까워하며 부인이 머리카락을 잘라 만든 것으로 보이는 미투리는 시신의 머리맡에 한지로 싸여 있었다.

머리카락으로 만든 미투리 이야기는 세계적인 다큐멘터리 저널 〈내셔널지오그래픽〉에 "사랑의 머리카락(Locks of Love)"이라는 제목으로 소개되어 전 세계인을 감동시켰다. 또한 시신의 가슴 위에 놓여 있던 편지에는 남편을 사별한 아내의 비통한 심정과 깊은 그리움이 솔직히 드러나 있었다.

원이 아버님께 올림

—병술년 유월 초하룻날

집에서 당신 언제나 나에게 '둘이 머리 희어지도록 살다가 함께 죽자'고 하셨지요. 그런데 어찌 나를 두고 당신 먼저 가십니까? 나와 어린 아이는 누구의 말을 듣고 어떻게 살라고 다 버리고 당신 먼저 가십니까.

당신 나에게 마음을 어떻게 가져 왔고 또 나는 당신에게 마음을 어떻게 가져 왔었나요? 함께 누우면 언제나 나는 당신에게 말하곤 했지요. '여보, 다른 사람들도 우리처럼 서로 어여삐 여기고 사랑할까요?' '남들도 정말 우리 같을까요?' 어찌 그런 일들 생각하지도 않고 나를 버리고 먼저 가시는가요.

당신을 여의고는 아무리 해도 나는 살 수 없어요. 빨리 당신께 가고 싶어요. 나를 데려가 주세요. 당신을 향한 마음을 이승에서 잊을 수가 없고 서러운 뜻 한이 없습니다. 내 마음 어디에 두고 자식 데리고 당신을 그리워하며 살 수 있을까 생각합니다.

이 내 편지 보시고 내 꿈에 와서 자세히 말해 주세요. 꿈속에서 당신 말을 자세히 듣고 싶어서 이렇게 써서 넣어드립니다. 자세히 보시고 나에게 말해 주세요. 당신 내 뱃속의 자식 낳으면 보고 말할 것 있다 하고 그렇게 가시니, 뱃속의 자식 낳으면 누구를 아버지라 하라시는 거지요. 아무리 한들 내 마음 같겠습니까? 이런 슬픈 일이 하늘 아래 또 있겠습니까. 당신은 한갓 그곳에 가 계실 뿐이지만 아무리 한들 내 마음같이 서럽겠습니까?

한도 없고 끝도 없어 다 못 쓰고 대강만 적습니다. 이 편지 자세히 보시고 내 꿈에 와서 당신 모습 자세히 보여 주시고 또 말해 주세요. 나는 꿈에는 당신을 볼 수 있다고 믿고 있습니다. 몰래 와서 보여 주세요. 하고 싶은 말 끝이 없어 이만 적습니다.

더 이상 말이 필요 없는 부부의 사랑이고 이별의 아픔을 새기며 그리움을 다지는 마음이었다.

그리움의 나래는 죽음을 초월해서 무한한 공간을 넘어 한없는 시간으로 이어져 가고 있었다. 500년 전 부부의 지극한 사랑을 엿볼 수 있게 하는 편지다.

CHAPTER 3
100세까지 계속
움직이게 만드는 동력

중국 당나라의 선승이었던 백장 회해(百丈 懷海)는 노령이 되어서도 농사일을 계속하였다. 이런 스승의 모습을 안타깝게 생각한 제자들이 일을 하지 못하게 농기구를 숨겨 버리자 그는 식사를 하지 않았다. 그리고 "하루 일하지 않으면 하루 먹지 않는다(一日不作 一日不食)"라는 유명한 말을 남겼다. 노동의 가치를 중요하게 여긴 이러한 자세는 100세인의 삶에서도 그대로 적용되고 있었고, 이들에게서 삶과 노동의 엄정한 관계를 엿볼 수 있었다.

조사 과정에서 만나 본 100세인들의 모습은 적어도 움직일 수 있는 몸 상태라면 누구 하나 예외없이 성실하고 부지런하게 움직이며 살고 있었다. 아무리 나이가 들어도 자신이 해야 할 일은 반드시 한다는 강박적인 모습에 오히려 안타까움을 느낄 정도였다.

시력이 좋지 못한 어느 100세인의 경우는 평상시 텃밭 일을 하다가 잡초 대신 작물을 뽑아 버리기도 했지만 그럼에도 일하기를 쉬지 않았고, 심지어 비가 오는 날에는 방 안에서 텃밭 일을 하는 흉내라도 내어야 직성이 풀린다고 했다. 100세가 되도록 사람으로서 노동의 숭고한 의무를 수행하려는 모습이었다.

일본 노인처럼 열심히 일해야 한다는 100세 할머니

전남 곡성군의 100세인 박판금 할머니는 마을에서 떨어진 산비탈에 살고 있었다. 좁은 산길을 따라 찾아가는데 밭두렁에서 일하고 있는 할머니가 보여 물었다. "박판금 님을 찾아가는데 아시나요?" 그러자 바로 "나네" 하며 당신임을 밝혔다.

여름 한낮 뙤약볕에서 일하기에 힘들지 않느냐고 묻자 "무슨 소리야. 먹고 살려면 일해야 해" 하며 오히려 질문한 우리를 꾸짖었다. 할머니는 "우리나라 사람들은 나이 들면 일을 열심히 안 해"라고 불평하기에 왜 그렇게 생각하시는지 물었다. 할머니가 오랫동안 일본에서 살다가 귀국해 보니, 일본 노인들은 나이가 들어도 열심히 일하는데, 우리나라 노인들은 일을 자식에게 맡긴 채 자신들은 열심히 일하지 않는다고 지적하였다.

100세인 조사를 하면서 초고령인들이 일하는 모습을 보며 감동하였던 나에게 할머니의 지적은 의외였지만, 일본에서 살면서 그곳 노인들의 생활에 익숙한 할머니의 입장에서는 우리나라 노인들의 일에 대한 열성과 집념이 일본 노인들에 비하여 한참 부족해 보였던 것이다. 그래서 아직 우리나라의 장수도가 일본에 한참 뒤처진 것인가 하는 생각도 들었다.

76세 아들보다 건강한 97세 근육질 할아버지

　강원도 횡성군 둔내면에서 만난 97세 추영엽 할아버지는 인상적인 분이었다. 2남 3녀를 두었으며 4대가 함께 살고 있었고 감자 농사를 짓는 부농이었다. 건강 상태도 양호하였으며 몸매는 나이를 믿을 수 없을 만큼 근육질이었다. 할아버지는 젊었을 때 퉁소를 부는 멋쟁이였고, 술과 담배도 하였으나 10년 전 둘 다 완전히 끊을 정도로 과단성 있는 분이었다.

　추영엽 할아버지는 그의 76세 아들보다 튼튼해 보이기에 건강의 비결을 묻자 아직도 매일 농사짓고 소를 직접 관리한다고 하였다. 힘들지 않은지 묻자 "가만있으면 뭐 해, 일해야지" 하며 백 살이 되어도 일하는 것이 너무도 당연한 듯 말하였다.

　할아버지는 농사짓고 가축을 관리하는 일 외에도 틈만 나면 집 앞 비닐하우스 안에 작업장을 만들어 놓고 자발적으로 일을 하고 있었다. 씨감자 박스를 포장하다 버린 끈이라든가 철사 또는 고무줄을 이용하여 여러 크기의 바구니며 삼태기들을 만들고 있었다. 그러한 제품들이 일상생활에서 사용될 용도는 별로 없어 보였으나 쓰레기 폐품을 재활용하여 만들고 있다는 점이 인상적이었다. 할아버지는 오는 사람마다 당신이 만든 작품을 선물로 하나씩 주었다. 그러한 제품이 별 필요가 없긴 해도 가족들은 어르신이 하는 일을 도와드리고 있었다. 거의 100세가 되었음에도 그러한 노력과 여유를 보이는 자세는 다른 노인들에게 모범이 될 만하였다.

할아버지에게서 받은 감동은 그것만이 아니었다. 할아버지에게 10년 전에 먼저 세상을 떠난 할머니가 보고 싶은지 묻자 "죽어 버린 사람 생각하면 무슨 소용 있어" 하며 쓸쓸한 표정을 지었다.

할아버지와 할머니는 태어나기도 전부터 집안 어른들의 약속으로 혼인이 결정되었기에 성장 후 당연하게 결혼하여 운명으로 믿고 살아왔다고 하였다. 살아오면서 단 한 번도 서로의 만남을 회의해 본 적이 없이 서로를 믿고 의지하며 평생을 살아왔다. 천생연분의 부부 모습이었다. 할아버지는 할머니가 폐질환을 앓게 되자 그렇게 좋아하던 담배도 이내 끊어 버렸을 정도로 80세가 넘어서도 할머니를 끔찍하게 위하였다.

"지금껏 살아오신 과정에서 언제가 가장 좋았습니까?"라는 질문에 "20대 때가 좋았어. 장가 갈 때가 제일 좋았어" 하며 할머니를 만나 결혼하여 살게 되었을 때가 삶의 최고의 순간이었다고 하였다. 지고지순한 부부애가 아닐 수 없었다.

조사를 마치고 일어서려는데 다과가 나왔다. 조사팀이 사양하고 일어서려고 하자 할아버지가 우리를 붙잡고 "암만 잡쉈어도 뭣 좀 들고 가야 해. 내 체면이 있네" 하며 권하였다. 할아버지의 따뜻한 말씀과 손님을 포용하는 모습은 사람을 사랑하는 장수인의 자랑스러운 본보기였다.

집 마당을 콩밭으로 만든 100세 할머니

경북 예천군은 정감록에 나오는 십승지지(전쟁 시 몸을 보전할 수 있는 피난지로, 자연경관이 뛰어난 열 곳—편집자) 중의 하나라고 소개하는 사회복지사의 안내를 받으며 예스러운 금당실 마을을 지나 상금곡리로 들어섰다. 허름한 집 대문을 열고 들어서자 마당을 온통 차지한 콩밭이 먼저 눈에 들어왔다. 100세인 권점녀 할머니는 마당 한구석 우물가에서 빨래를 하고 있었다. 서울에 살고 있는 여든 살 된 딸이 가끔 내려오고는 했는데 근래에는 몸이 불편해져 그나마도 오지 않는다고 했다. 텃밭에는 콩 외에도 토란이며, 고추 등 각종 작물이 자라고 있었다.

사회복지사가 의외의 말을 던졌다. 독거노인들에게 집 안에서 작물을 키우지 않도록 권장하고 있다는 것이다. 나이 든 분들이 운동 삼아 하는 일을 왜 못하게 하느냐고 반문하자, 뜻밖의 답을 하였다. "노인들이 집에만 있고 밖에 나가지 않으니까, 나가도록 유도하기 위해서는 집안 작물을 줄여야 한다"는 의견이었다. 노인들의 복지를 위하여 고심하는 현장 봉사책임자의 현실적인 의견이었다.

할머니에게 오래 동안 혼자 지내느라고 고생이 많았겠다고 위로하고 요즘은 무슨 생각을 하며 지내는지 물었다. "생각하면 뭘 해! 생각하기 싫어서 낮잠도 안 자." 혼자 오래 살다 보면 옛 생각, 가족이나 친구 생각이 나기 마련이지만 할머니는 과감하게 모든 과거를 떨쳐 버리고, 지금 자신의 삶에 충실하기 위하여 매일 열심히 일하고 있었다. 돌이켜 보아야 어쩔 수도 없는 옛일이고, 떠나 버린 사람들을 생각한들 무엇하랴는 심정이었다. 할머니는 과거에 대한 회한이나 미련보다 오직 현재에 최선을 다하기 위해 열심히 일하고 있었다.

시계처럼 계속 움직이라고 말하는 100세 할아버지

강원도 정선군 북평면 남평리 마을에 아침마다 자전거를 타고 다니면서 동네 사람들을 채근하는 100세인이 있다는 소문을 듣고 찾아갔다. 이윤영 할아버지와 장순란 할머니 부부는 새로 지은 번듯한 2층 양옥집을 곁에 두고 허름한 초가집에 살고 있었다.

할아버지는 소를 키우는데, 양옥집에는 소 먹일 쇠죽을 끓일 아궁이가 없는 것이 불편하여 집을 직접 설계하고 서까래와 구들을 놓아 지었다는 것이다. 그때가 94세 때였다고 한다. 할아버지는 나를 집 뒤로 데리고 가더니 당신이 직접 패서 쌓아 둔 장작더미를 가리키며 "저것 다 내가 했어!" 하며 자랑하기도 하였다. 정말 믿기지 않을 정도로 건강하고 당당한 모습이었다.

장수 비결을 묻자 이렇게 답하였다. "그저 밤낮으로 움직여야 해! 시계도 움직여야 가잖아!" 움직여야 장수한다는 할아버지의 철학은 확고하였다. 그러고는 자신이 이룬 재산 형성 과정을 자랑스럽게 설명하였다. 할아버지는 버려진 강변 모래밭을 사서 나무를 심기 시작해 근교에서 가장 아름다운 단지를 혼자 이루었고, 재산을 아직도 자신이 직접 관리하고 있다는 이야기를 들려주었다. "개인으로 이만한 원장(園莊)을 이루어 가진 사람 흔치 않을 거야." 이렇게 자랑도 하셨다.

"세상 살아가는 데는 경험이 제일 중요해. 내가 그 경험을 가르쳐 주고 싶어." 할아버지는 스스로 땅을 가꾸고 집을 세운 자부심을 가지고 있었고, 이를 후손들에게 지혜와 정보로 전달하여 어른으로서의 위상을 세우고 싶어 했다. 그 뿐만 아니라 할아버지는 "세상 사람들이 행복을 추구하면서도 정작 무엇이 행복인 줄을 몰라. 행복은 마음이 편안해야 해" 하며 인생 철학을 강론하기도 하였다. 인터뷰를 마치고 돌아서는 우리에게 할아버지가 던져 준 마지막 말씀이 아직도 쟁쟁하다.

"젊은이들, 하면 된다는 말을 꼭 명심하게."

바늘귀 직접 꿰어 바느질하는 101세 할머니

전남 구례군 토지면 외곡리의 비탈 속에 위치한 집에서 101세 고염록 할머니를 만났다. 할머니는 바늘귀에 직접 실을 꿰어 촘촘하게 바느질을 하고 있었다. 같이 살고 있는 여든 넘은 아들은 오히려 거동하기 불편하고 청력이 나빴다. 할머니는 광주에 사는 딸네 집에도 혼자 다녀올 정도의 건강을 유지하고 있었다. 10남매를 낳아서 지금 8남매가 살아 있다고 자랑하며 "옛날에는 약도 없어서 그냥 다 낳았어" 하면서 웃음을 짓는 여유까지 있었다.

대통령 명의로 장수한 노인에게 선물하는 장수 지팡이 청려장을 개봉도 하지 않고 벽에 걸어 놓고 있었다. 청려장은 장식용이 아니라 실제 사용하라고 드리는 것인데, 아직도 지팡이를 짚을 필요가 없었던 이 할머니에게는 그것이 장식품일 뿐이었다. 보통 100세인들은 청려장을 사용하면서 대통령 선물이라고 자랑하는데, 이를 벽에다 걸어 두고 사용하지 않는 경우는 이 할머니가 처음이었다.

할머니에게 "영감님 생각 안 나세요?" 하고 물었다. "뭣이 생각나! 10년이나 공방 새우게 하고, 야단만 쳤는데." 남편이 떠난 지 이미 많은 세월이 흘렀는데도 자신을 공방 살게 한 것이 여전히 그리 섭섭하였던 듯싶다. 사람이 늙는다는 것은 겉모습이지 마음은 그대로임을 여실하게 보여 주고 있었다.

할머니의 맵시가 아직도 고우셔서 칭찬해 드렸다. "할머님, 지금도 참 예쁘시네요." 할머니의 답은 1초도 지체되지 않았다. "백한 살이나 먹었는디, 뭣이 이뻐!"

만나는 100세인마다 나이에 개의치 않고 지금의 삶에 충실한 모습이었다. 굳이 100세인의 사회적 역할이라는 표현을 쓸 필요가 없다고 본다. 인간으로서 당연히 해야 할 일을 나이가 들어도 멈추지 않고 계속하고 있을 뿐이다. 오키나와, 사르데냐, 이누이트, 제주도의 100세인들을 비교한 서울대학교 인류학자 전경수 교수의 연구 결과에서도 마찬가지였다. 백 살이 되더라도 오키나와 100세 할머니들은 매일 새벽마다 조상 묘를 찾아가 위패를 깨끗하게 모시고, 사르데냐 장수인들은 매일 양떼를 몰고 산에 올라 가축을 키우며 가족의 생계를 지킨다. 이누이트 장수인들은 후손들에게 험난한 북극의 한파 속에서 생존하는 비법을 전수하고, 제주도의 장수인들 역시 쉼없이 밭일을 멈추지 않는 삶을 살고 있다.

세계 어디서나 장수인들은 오늘도 "카르페 디엠(Carpe Diem, 이 순간에 충실하라는 뜻의 라틴어—편집자)"을 실천하며 백 살이 되어도 여전히 하루하루 충실하게 살고 있었다. 아무리 나이가 들어도 내가 해야 할 일을 하여야 한다는 신념이 100세인을 움직이게 하는 동력이 되었고 이것이 중요한 장수의 비밀이라고 생각된다.

CHAPTER 4

고독을 이겨 내는
100세인의 우정

한국 100세인 조사에서 밝혀진 결과를 보면, 100세인의 평균 출생 자녀 수는 6명 정도인 데 반하여 생존 자녀는 3명 정도였다. 그리고 100세인 중 배우자가 있는 경우는 3퍼센트에 불과하였고, 평균 사별 시기는 남자 68세, 여자 62세로 배우자 사별 후 30~40년을 홀로 살았다. 그중 10퍼센트 정도는 100세임에도 불구하고 가족과 떨어져 홀로 살고 있었다. 이러한 결과는 100세인이 오랫동안 홀로 고독을 견디어 내야만 하는 사람들임을 분명하게 보여 준다.

고독은 노인들에서 가장 큰 문제가 되는 우울증의 원인이 되고, 이는 결국 자살이나 치매의 요인으로 작용한다. 고독을 이겨 내기 위해 자녀에게 의존한다는 것이 현실적으로 매우 어렵기 때문에 나름대로의 대안이 필요하다. 그래서 대부분의 고령인들에게는 가까이 사는 이웃이나 친구와 마음을 주고받는 것이 외로움을 달래는 방안이 될 수 있다.

산 너머에 동갑내기 친구가 있는 100세 할아버지

강원도 화천군에 사는 100세인을 찾아 가는 길은 매우 험난하였다. 군 직원의 안내로 파로호를 돌아 간동면 도송리에 사는 100세인 유근철 할아버지를 만났다. 할아버지는 아들 내외와 함께 살고 있었는데, 98세까지 혼자서 논밭을 관리하다가 낙상한 후부터 비로소 자식들과 함께 논밭을 관리한다고 했다. 일하는 것이 힘들지 않은지 묻자 할아버지는 "그냥 심심해서 일해"라는 간단하지만 당당한 답을 했다. 아무리 나이가 들어도 자신이 해야 할 일을 하여야만 한다는 단순하고 분명한 진리를 할아버지에게도 찾아볼 수 있었다.

지금도 예금통장을 직접 관리하면서 자신이 필요한 옷가지라든가 물건들을 손수 구입하고 있었다. 100세가 되더라도 자신의 일을 남에게 의존하지 않고 직접 관리하는 독립적인 생활 태도를 보여 주었다.

할아버지에게 일하지 않을 때는 무엇을 하는지 물었다. "산 너머 사는 동갑내기 친구에게 놀러 다녀." 산을 넘어 가야 있는 마을에 동갑의 친구가 있다는 것이었다. 조사팀은 유근철 할아버지의 동갑내기 친구를 찾아가기로 하고 인사를 드리고 나왔다.

왕복 여덟 시간을 걸어 친구 만나고 오는 100세 할아버지

조사팀은 산을 돌아 유근철 할아버지의 동갑내기 친구를 찾아갔다. 뙤약볕 아래 콩밭에서 밀짚모자를 쓴 채 풀을 매던 송기구 할아버지가 우리를 맞았다. 송기구 할아버지는 할머니와 해로하고 있었고, 도회지에 사는 자식들이 나름대로 성공하였다고 자랑하였다. 그래서 왜 자식들과 함께 살지 않는지 물었다. "내 땅이 있어서 여기 살아." 당신의 할 일에 대한 강한 의욕을 보이면서, 죽더라도 마지막까지 그곳에서 살다가 죽고 싶다고 하였다.

송기구 할아버지에게 산 너머 사는 친구에 대해 물었다. "응, 산 너머 동갑내기 친구가 있어서 좋아. 그래서 서로 오고 가고 해. 요즈음은 그 친구가 몸이 아파 주로 내가 찾아가." 송 할아버지는 유 할아버지에게 여전히 일주일에 한두 번씩 다녀왔다. 그런데 그 산 너머 마을이라는 것이 시골길 가다 길을 물으면 사람들이 한 5리쯤 된다고 쉽게 말하는 거리인데, 실제 걸어 보면 끝도 없이 먼 길임을 깨닫는 경우가 많다. 한눈에도 험해 보이는 산을 하나 넘어 가야 하는 거리인데, 할아버지는 그냥 편하게 말하고 있었다. 실제로 가는 데 네 시간, 오는 데도 네 시간이 걸리는 산길이었다. 이 두 분 100세 할아버지들은 서로 친구를 만나기 위해서 이러한 산을 넘어 매주 오가고 있었다.

그렇게 힘들여 가서 만나면 무엇을 하는지 물었다. "하기는 뭘 해. 그냥 앉아 있다가 오는 거지. 이 나이 되도록 친구가 있다는 것이 좋아. 그 친구 없다면 어쩌겠어?" 그야말로 우문에 현답이었다. 친구가 있다는 사실만으로도 그 정도 고생은 당연히 감내하여야 한다는 명백한 이치였다. 아무리 가족이 있어도 동갑내기 친구가 있다는 사실이 두 100세인을 서로 믿고 의지하는 단짝으로 만들었다. 첩첩산골 강원도 산속에서 만난 100세인은 우정을 바탕으로 한 건강과 장수의 기쁨을 누리고 있었다.

친구의 죽음에 충격받는 100세인

유 할아버지와 송 할아버지는 진정으로 축복받은 예외적인 분들이다. 백 살이 되도록 심금을 나누며 허물없이 지내는 친구가 있다는 것이 예삿일이 아니기 때문이다. 실제로 100세인의 주변에는 친구들이 모두 먼저 떠나 혼자 남기 마련이다. 친구를 먼저 보낸 경우 100세인은 어떻게 대처하는지 궁금하였다.

전남 보성군 율포해수욕장을 지나 찾아간 마을 언덕에 사는 100세인은 인터뷰를 하는 도중 한숨을 푹푹 내쉬었다. 조사팀 앞에서 한숨 쉬는 100세인의 모습에 연유를 묻지 않을 수 없었다. "건넛마을 친구가 가 버렸어." 바로 얼마 전에 한 20리 떨어진 마을에 사는 아흔다섯 살 된 친구 분이 돌아가셨다는 소식을 듣고 충격을 이겨 내지 못하고 있는 것이었다.

나이가 엇비슷한 친구가 가까운 동네에 살아 있다는 사실만으로도 마음에 위안이 되었는데 그나마 떠나 버리자 허전한 마음을 견디지 못하고 있었다. 아무리 가족이 잘해 주고 가까워도 비슷한 연배의 친구와 나누는 정은 장수의 또 다른 필요조건인 듯했다.

인류 역사상 최초의 문자 기록으로 인정받는 설형문자의 기록을 해독한 결과 놀라운 사실이 밝혀졌다. 인류 최초 기록이 불로장생과 우정을 다루고 있었기 때문이다. 메소포타미아 문명 최초의 국가인 우루크의 영웅, 길가메시에 관한 서사시가 바로 그것이다.

길가메시가 포악하고 강한 힘을 가져 신들이 그를 대적할 엔키두를 보내어 서로 싸우게 하였으나 좀처럼 승부가 나지 않았고, 결국 두 사람은 서로의 힘을 인정하며 둘도 없는 친구가 되었다. 그러다 엔키두가 죽게 되자 이를 슬퍼한 길가메시는 당시 최고의 현자인 우트나피쉬팀을 찾아가 죽지 않는 비결을 묻는다. 그리고 그가 가르쳐 준 대로 깊은 바닷속에서 불로초를 찾아왔는데, 피곤하여 해변에서 잠깐 조는 사이에 그 불로초를 뱀이 먹어 버린 것을 알고는 통탄하였다는 대서사시다. 물론 인간이 영생을 추구하는 것이 얼마나 허무한가를 보여 주는 내용이지만, 인류 최초의 기록에서 친구와의 우정을 그렸다는 것에 주목해야 한다.

인간이 인간답게 살기 위해서는 친구가 필요하다. 이는 아무리 나이가 들어도 심지어 백 살이 넘어도 마찬가지다. 백 살이 되어서도 험한 산길을 넘어가 친구를 찾는 모습은 장수의 조건에 우정이 포함되어 있음을 시사해 준다. 20년 전 10퍼센트 정도였던 초고령인의 독거 비율이 이제는 30퍼센트가 넘게 증가되었다. 이러한 현실에서 고령인에게 가족이 없는 삶을 보완해 주는 친구의 존재는 더욱 소중해져 갈 수밖에 없다.

CHAPTER 5
100세에도 여전한 흥과 감성

　100세인을 찾아 방방곡곡을 헤매는 일은 보통 힘든 일이 아
니다. 하지만 그분들을 만날 때마다 느낄 수 있는 기쁨과 안타까움
이 뒤섞인 감동은 피로를 씻어 주는 청량제이기도 하다.

　100세인에게 젊은 시절 또는 지금 나이에도 즐기는 가락이 있느
냐고 청해 보면 태반은 그러한 것을 모른다고 하지만 그런 요청을
오히려 반기면서 소리를 들려주고 덩실덩실 춤을 추기도 하는 100
세인도 있다.

　그런데 100세인의 흥도 지역적으로 차이가 있었다. 노래나 소리
를 청하면 영남 지방의 100세인들은 거의 응하지 않았지만 호남 지
방의 100세인들은 기꺼이 응하는 경우가 많았다. 그러한 분들 중에
는 요청하자마자 놀랍게도 메들리로 몇 곡을 이어 부르는 분도 있고,
아흔이 넘은 나이에도 젊은이보다 흥이 넘치기도 했다. 노래 외에도
예술적 감흥을 여전한 작품 활동으로 이어가는 100세인들이 있어
놀라웠다.

전국노래자랑 최고령자로 뽑힌 102세 할머니

전남 구례군 토지면 마을 꼭대기에 무너져 내릴 것 같은 토방 집에 혼자 살면서 텃밭을 일구고 사는 102세 김화유 할머니를 만났다. 혼자 살면서도 전혀 흐트러짐이 없었고, 뒷마당과 옆 마당 텃밭에 콩, 고추, 상추, 깨 등등을 가득 심어 키우고 있었다. 또한 이웃 할머니들과도 즐겁게 어울리며 생활하는 모습은 장수인이 홀로 당당하게 생활할 수 있는 가능성을 보여 주는 훌륭한 본보기였다.

인지 능력은 물론, 악력 테스트, 보행 테스트에서 보여 준 힘과 껑충 뛰는 모습은 조사팀을 놀라게 하였다. 면담을 위해 할머니에게 가까이 다가간 조사원이 여느 때처럼 귀에 대고 큰 소리로 질문을 던지자 "나 귀 안 먹었어!" 하면서 웃었다.

"누가 가장 보고 싶으세요?"라는 질문에는 "딸, 사위, 영감, 모두 보고 싶어"라고 했다. 혼자 살다 보니까 돌아가신 영감님을 비롯해서 모든 사람이 그립기만 한 것이었다.

할머니에게 노래 한 곡을 부탁하니 〈달아 달아 밝은 달아〉, 〈아리랑〉, 〈진도아리랑〉, 〈농부가〉를 메들리로 이어 불렀다. 흥이 끝이 없었다. 덩실덩실 춤자락까지 넣었다. 동행한 사회복지사가 말했다. "저 할머니가 KBS 〈전국노래자랑〉에 나가셨는데, 사상 최고령자로 뽑히셨대요." 충분히 그러할 만하였다. 백 살의 나이에도 〈전국노래자랑〉에 나가고 사람들 앞에서 망설이지 않고 춤과 노래를 하는 할머니의 모습은 사람의 흥에는 연령 한계가 없음을 명확하게 보여 주었다.

미국 시사주간지 <타임>에 소개된
100세 애주가 박복동 할머니

〈타임 Time〉지 기자가 아시아의 장수 문제를 특집으로 다루겠다고 나를 찾아와 자료를 부탁하였다. 일련의 자료들과 100세인들의 신상을 넘겨 주고, 장수인이 밀집되어 있는 순창군·담양군·곡성군·구례군을 소개하였다. 〈타임〉지에 소개된 한국의 대표 100세인은 전북 순창군 구림면 방화마을에 사는 박복동 할머니였다. 다른 분을 제치고 〈타임〉지 기자에 의하여 선발된 이 할머니는 매우 특이한 분이었다.

처음 할머니를 찾아갔을 때, 마을 이장이 그 할머니를 만나려면 소주 한 병을 사 가라고 조언해 주었다. 100세인들을 찾아 뵐 때는 여러 가지 선물꾸러미를 들고 간다. 그러나 술 종류는 포함하지 않는데, 이번 만큼은 특별히 네 홉들이 소주 두 병을 사 들고 찾아갔다.

우선 할머니는 100세인답지 않게 피부도 곱고 걸음걸이며 거동이 정정하였다. 면담을 시작하려 하자 할머니가 입을 딱 다물었다. 이유를 묻자 "아들을 앞서 보냈는데, 무슨 살맛이 있겠어"라고 하였다. 작년에 79세 된 아들이 세상을 떠난 것이 가슴에 맺혀 외부인과의 대화가 신명나지 않는다는 것이다.

조사는 포기하더라도 약주를 좋아하신다니 소주라도 드리려고 한 잔을 따랐다. 할머니는 술잔을 받자 그냥 쭈욱 들이켰다. 그리고 내게도 한 잔을 권하였다. "자네도 한잔해." 막무가내로 소주잔을 채웠다. 부득이 술잔을 비우고 다시 한 잔을 드리자, 또 쭈욱 들이키셨다. 앞에 서 있는 동네 이장과 이웃들에게도 "자네들도 한잔해!" 하고 권하였다.

정말 이분이 100세가 맞을까? 조사단은 크게 당황하지 않을 수 없었다. 출생년도의 간지, 자식의 연령, 이웃과의 확인 등을 종합해 볼 때 연령은 분명하였다. 술 석 잔을 들고 나서 "그래, 무엇 때문에 왔다고?" 하면서 조사에 응하였다.

아들에 대해 묻자 눈물부터 흘렸다. 그때 소나기 빗방울이 떨어지기 시작하였다. 그러자 할머니는 갑자기 울음을 멈추고, 장독대에 널어놓은 나물들을 걷으라고 며느리에게 소리쳤다. "애야, 나물 바구니 치워라." 일흔다섯 된 며느리가 마당으로 쫓아나갔다. 할머니는 며느리 칭찬을 시작하였다. "며느리 없으면 못 살아." 100세가 되어도 정정하고 건강한 모습이 돋보였다.

그 이후 할머니가 107세에 소천할 때까지 거의 매년 방문했다. 시어머니를 60년 동안 모신 며느리는 효도상을 받았고 할머니는 돌아가시기 직전까지 마당이나 방에서 일을 하고 있었다. 백 살이 넘어서도 젊은이 못지않게 소주를 즐기는 할머니의 모습이 〈타임〉지 기자 눈에도 신기하게 보였을 것이다.

그 기자가 취재를 마치고 내게 질문을 던져 왔다. "소주나 막걸리가 장수에 좋은 영향을 미치나요?" 〈타임〉지에 이 할머니의 인터뷰 기사를 쓰면서도 한국의 장수인은 소주를 좋아한다는 글귀를 빼지 않았다.

현대시조의 거장 100세 정소파 시인

몇 년 전 대산문화재단에서 주관하는 '탄생 100주년 문학인 기념 문학제'에서 처음으로 생존 작가가 선정되었다는 소식을 듣게 되었다. 그 문학제는 탄생 100주년을 맞은 문인들의 업적을 돌아보고 기념하는 행사로, 2001년부터 개최되어 왔는데 문학제를 시작한 이후 생존 작가가 선정된 것은 처음이라고 했다. 나는 모든 일을 제쳐놓고 100세 문학인을 만나러 갔다.

주인공은 한국 현대시조를 개척한 정소파 시인이었다. 그는 일본 와세다대학교 문학부를 졸업하고, 1930년 18세 때 《개벽》에 〈별건곤(別乾坤)〉을 발표하며 작품 활동을 시작했다.

정소파 시인은 일본에 하이쿠가 있듯, 우리 문학으로서 현대화된 시조가 필요하다는 생각에서 시조를 쓰기 시작했으며, 평생 우리 고유의 시조를 널리 알려야 한다는 사명감을 가지고 살아왔다. 백석 시인과 동갑내기였으며, 생전에 김영랑, 박용철, 이병기, 이호우 시인 등 당대의 내로라하는 문인들과 교류하며 우정을 나누었다고 한다.

정소파 시인은 100세인 당시에도 서재에서 글을 읽고 쓰며 평소와 다름없이 지낸다고 했으며, 책상에는 만년필로 한 자 한 자 쓴 시조 원고들이 널려 있었다. 백 살의 나이에도 왕성하게 작품을 쓰는 모습에 감동하지 않을 수 없었다. 백 살 생일 즈음에 쓴 시조가 눈에 띄어 옮겨 보았다.

기침명(起寢銘)

정소파(100세) 2012. 4. 3.

자리서 일어남과 여섯시 시계소리

어쩌면 그렇게도 딱맞추어 치는겐가

버릇은 하나의 기계 나도 몰래 놀랐다

아침엔 무얼하며 저녁나절 무엇하나

일정한 하루 일과 알맞게 가려놓고

그대로 실행하고 몸고르기 알맞다

인생 오래 살고 보니 더 살기도 쑥스럽다

하지만 주어진 삶 거부함도 우서웁다

오늘도 주어진 삶 바른대로 살으리

당신의 일상생활 모습을 진솔하게 표현하였다. 마지막 구절의 "오늘도 주어진 삶 바른대로 살으리"라고 한 표현을 통해 백 살이 되어서도 성실하게 살아가려는 삶의 거룩한 면모를 보았다.

실내에서 간단히 인지 능력과 신체 상태를 조사한 후 인터뷰를 진행하고 있었는데, 갑자기 선생님이 산책할 시간이라며 일어섰다. 선생님을 따라 일어나 집 앞 공원을 한 시간 넘게 함께 걸으며 인터뷰를 마칠 수 있었다.

선생님에게는 하루 일정이 정해져 있었다. 매일 아침 일찍 일어나 시를 쓰고, 집으로 오는 문학지와 시집을 모두 꼼꼼히 읽는다고 했다. 매일 정해진 시간에 식사하고, 매일 2시간씩 산보를 거르지 않왔다. 시계와 같은 100세인의 삶이었다. 문인으로서 작품을 쓰려면 감성과 흥이 지속되어야 하는데 선생님의 감성과 흥은 백 살의 나이에도 전혀 녹슬지 않았다.

98세에 베스트셀러 작가가 된 시바타 도요 할머니

약해지지 마

있잖아, 불행하다고
한숨짓지 마

햇살과 산들바람은
한쪽 편만 들지 않아

꿈은
평등하게 꿀 수 있는 거야

나도 괴로운 일 많았지만
살아 있어 좋았어

너도 약해지지 마

일본의 시바타 도요 할머니는 1911년생으로 나이 아흔이 넘어 글쓰기를 시작하였다. 98세에《약해지지 마》라는 제목의 시집을 출간하였는데, 100만 부가 넘게 팔려 일약 베스트셀러 작가가 되었다. 사실 이 시집에 대한 정보는 아흔이 되신 필자의 어머니가 읽어 보라고 권하여 접하게 되었다. 100세의 인생 선배가 전하는 삶의 위로와 충고가 일본은 물론 국내에까지 울림을 주고 있었다.

시바타 도요 할머니는 어려운 성장 환경과 두 차례의 결혼, 사별 등 굴곡진 인생을 살았다. 그의 나이 아흔세 살 때 아들의 권유로 시를 쓰기 시작했고, 한 신문사의 독자 투고란에 자작시를 보내기 시작했다. 그리고 얼마 후 자신이 그동안 장례비로 쓰려고 모아 온 100만 엔을 들여 자작시집을 자비 출판했다. 아흔여덟 살 할머니가 시집을 냈다는 소식이 입소문으로 퍼지자 4개월 만에 1만 부를 돌파하는 이변이 일어났고, 일본의 한 대형 출판사에서 시집 내용을 일부 보완해 재출판하기에 이르렀다. 이 시집은 당시 출판된 무라카미 하루키의《1Q84》다음 가는 판매 부수를 기록하였고, 시바타 도요는 단숨에 베스트셀러 작가로 떠올랐다.

일본의 지독한 경제난으로 누구나 우울해하던 시기에, 이 시집을 본 독자들은 저도 모르게 눈물이 났다고도 하고, 또 누군가는 지인에게 받은 편지를 읽는 것 같다고도 했다. 잔잔하고 소박한 할머니의 시에는 사람들을 위로하는 힘이 담겨 있었던 것이다.

시바타 도요 할머니의 시 중에서 나에게 특히 인상 깊은 시는 〈비밀〉이라는 제목의 시였다. 백 살이 다 되어도 사랑을 하고 싶고 꿈도

꾸고 싶은 진솔한 소망이 담겨 있었다.

비밀

난 말이지
죽고 싶다고 생각한 적이
몇 번이나 있었어

하지만 시를 짓기 시작하고
많은 사람의 격려를 받아
지금은
우는 소리는 하지 않아

아흔여덟 살이라도
사랑은 하는 거야
꿈도 꿔
구름도 타고 싶은걸

※〈약해지지 마〉〈비밀〉두 편의 시는 시바타 도요, 《약해지지 마》(지식

여행, 2010)에서 인용.

91세에도 풍물패의 흥이 그대로인 할아버지

전북 순창군 팔덕면 월곡마을의 91세 권상규 할아버지를 찾아갔을 때, 할아버지는 서글서글한 목소리로 인사를 건넸다. 요즈음도 자전거를 타고 읍내 출입을 할 정도로 건강하였고, 여전히 술을 즐기고, 소리판에도 빠지지 않는다고 했다. 얼마 전까지 마을 풍물패에서 상쇠 역할을 맡았다고 하기에 조사를 마치고 꽹과리를 부탁드렸다. 그러자 할아버지는 스스럼없이 꽹과리 한마당을 시원하게 단계별로 끝까지 연주해 주었다.

재혼한 부인도 80세가 다 되었고, 50여 년을 함께 살아왔다는데 조사단이 할머니에게 할아버지에 대해 묻자 "젊었을 때 속 깨나 썩이지 않았겠소" 하며 당연한 것 아니냐는 듯 반문하였다. 할아버지는 말씀도 시원시원하였고, 답을 망설이지 않았다. 살아오는 동안에 어려움은 없었느냐는 질문에 "나, 데벅데벅해. 그냥 살아" 하며 적극적이고 능동적이면서 소소한 것들에 개의치 않는 성격을 여실하게 보여 주었다.

할아버지는 우리가 소리를 청하자, 〈춘향가〉 중 "쑥대머리" 한 대목을 망설이지 않고 뽑았다.

쑥대머리 귀신형용 적막옥방에 찬자리여 생각나는 것은 임뿐이라
보고지고 보고지고 보고지고
손가락 피를 내어 사정으로 임을 찾아볼까

앵콜을 부탁하자 이제는 〈춘향가〉 중 "사랑가" 한 대목을 기가 막히게 뽑았다.

저리 가거라 뒤태를 보자

이리 오너라 앞태를 보자

아장 아장 걸어라 걷는 태를 보자

방긋 웃어라 잇속을 보자

아~~매~도 내 사랑아

이제 할아버지의 소리를 중단시킬 도리가 없었다. 우리는 끝없이 이어지는 소리에 당황하면서 할머니의 불평을 이해하게 되었다. 또 하고, 또 하고 할아버지의 흥은 끝이 없었다. 하는 수 없이 조사단은 할아버지에게 "죄송합니다. 일정 때문에 떠나야 합니다" 하고 작별을 고하였다. 소리를 중단한 할아버지는 못내 아쉬운 듯 "고맙소, 이렇게 찾아와 줘서. 잘 가시오" 하며 작별 인사를 해 주었다. 찾아온 손님과 더불어 자신이 즐기는 소리를 함께 나누는 멋을 가진 장수인의 녹슬지 않은 흥과 여유에 감탄하며 자리를 떴다.

100세인 중에서 젊은이 못지않게 자신의 감성과 흥이 여전히 넘치는 사례를 많이 본다. 특히 예술 분야에서 전문 교육을 받은 분들은 그만큼 훈련이 되어 있어서인지 나이가 들수록 더욱 왕성하고 활발하게 활동하는 모습을 자주 본다. 직접 만나지는 못하였지만 국악계의 원로로 서울대학교 음악대학에 국악과를 창설한 이해구 교수, 예술원 회원이면서 서울대학교 미술대학 교수를 역임한 김병기 화백, 추상화의 세계를 열어 준 장리석 화백 등 예술계에는 100세까지 맹활약한 인물이 많다. 이분들은 백 살이라는 나이가 평소의 삶이 특별하게 달라지는 경계의 나이가 아님을 분명하게 보여 준다.

100세가 되면 늙고 쇠약해지고 의욕도 상실하여 무기력하고 무표정해질 것이라고 생각하게 마련이다. 하지만 실제 만나 본 100세인들은 주위 사물의 변화에 깊은 관심을 기울이며 자신의 감성을 표현하며 흥겨워하고 있었다. 글을 쓰고, 그림을 그리고, 작곡을 하는 창작의 세계에서 여전히 활동하는 100세인을 보면서 생의 매순간을 성실하게 살아가려는 의지에 거룩함이 느껴졌다. 여느 젊은이 못지않게 모든 감성을 그대로 유지하고 있는 100세인을 통해 지적 건강과 감성이 장수에 미치는 의미를 되새겨 볼 수 있었다.

CHAPTER 6

혼자 살아도
외롭지 않은 100세인

예부터 사람이 행복하게 살기 위해서는 오래 사는 것도 매우
중요하지만 잘 사는 것도 결코 양보할 수 없는 일이다. 하물며 오래
잘살 수 있다면 이보다 더한 것이 있을까? 그래서 인간의 오복(五福)
을 논할 때 첫째가 수(壽)다. 사람들은 무엇보다도 장수를 원한다. 그
다음이 부유하고, 건강하며, 남을 위해 봉사하고, 편안히 죽음을 맞
는 것이다.

그러나 실제 장수인을 조사하면서 또 하나의 소중한 가치를 배
웠다. 주위 사람들로부터 인정받고 보살핌을 받는 일의 중요성이다.
이를 위해서는 각자가 스스로 성실하게 노력하는 것이 얼마나 소중
한 일인가를 100세인, 특히 혼자 사는 100세인들을 만나면서 알 수
있었다.

처음 100세인 조사를 나갈 때만 해도 과연 100세인이 혼자 생활
하는 것이 가능할지 의문이었다. 그것은 생존과 직결된 문제이기 때
문이다. 그러나 혼자 사는 100세인들을 직접 보면서 의문이 풀렸다.
우리나라 시골 마을은 아직도 대부분 집성촌이기에 자식들이 떠나

고 없더라도 이웃사촌이 있고, 두레라는 상부상조 정신이 남아 있었다. 농촌 지역에서 초고령 독거 생활이 가능한 중요한 사회적 요인이었다. 그러나 혼자 살 수 있는 가장 중요한 요체는 100세인 스스로가 사교적이고 원만한 성격을 가진 것이었고, 구변이 좋고 정이 많아서 항상 주변에 사람들이 많았다는 사실이다.

컵라면과 과자로 동네 사랑방 만드는 100세 할머니

강원도 양주읍 고대리에서 만난 100세인 유옥순 할머니의 경우는 매우 인상적이었다. 허름한 판잣집에서 스스로 빨래하고, 청소하고, 이웃 나들이도 다니며 살고 계셨다. 자식들이 있지만 도회지에서 따로 살고 있었다.

할머니와 인터뷰를 하기 위하여 방에 들어갔는데, 윗목에 컵라면, 커피, 과자봉지가 수북이 쌓여 있었다. 할머니에게 그런 간식류를 좋아하는지 물었다. "아냐, 나는 안 먹어. 이웃 아이들 오면 컵라면 끓여 주고 동네 사람 오면 커피 끓여 줘." 이웃 사람들을 위해 간식을 따로 마련해 둔 것이다. 그래서 할머니가 사는 집은 혼자 사는 집이 아니라 동네 아낙들, 꼬마들이 항상 놀러 오는 곳이었다.

비록 가난하고 누추한 집이었지만 할머니의 이러한 배려는 할머니 집을 자연스럽게 동네 사랑방으로 만들었고 항상 사람들을 가까이 머물게 했다.

작은 호의도 품앗이로 보답하는 100세 할머니

전남 담양군 용면 분통리는 마을 한가운데로 개울이 흐르고, 모든 집의 대문이 개울을 향해 열려 있었다. 개울 건너 이웃집 살림살이가 훤히 들여다보였고, 오가는 사람들도 모두 보였다.

이곳에서 만난 100세인 신계순 할머니의 인상은 특별했다. 방문했을 때, 온 동네 아낙들이 할머니 댁에 옹기종기 모여 앉아 있었다. 다 허물어져 가는 판잣집인데도 마루에 대여섯 명, 마당의 평상에 서너 명이 앉아서 담소를 나누고 있었다. 조사팀이 온다는 소식을 듣고 마을 사람들이 구경삼아 모인 것으로 생각했는데, 알고 보니 마을 아낙들이 늘 할머니 댁에 모여서 놀고 지내는 것이었다. 양옥으로 지은 번듯한 마을회관이 있는데도 사람들이 할머니 주위에 모인다기에 그 이유를 물었다. 신 할머니가 봄에 다리를 다쳐서 거동이 불편하게 되자 마을 아줌마 부대가 신 할머니를 위로하기 위해 모이기 시작했다가, 이제는 숫제 그 집에 모여서 시간을 보내게 되었다는 것이다.

할머니가 도대체 어떤 분일까 궁금하였다. 가족 관계 조사에서는 할머니의 안타까운 처지가 여실히 드러났다. 젊은 시절 삯바느질로 돈 몇 푼 벌면 남편과 자식들이 도박과 술로 모두 날려 버렸다고 한다. 이제는 타지에 사는 딸을 가끔 만나는 일 외에는 혼자 살아가고 있었다.

그러나 지금 할머니는 동네에서 가장 사랑받는 사람이었다. 거기에는 이유가 있었다. 할머니는 평생을 마을에 무슨 일이 생기면 제일 먼저 뛰어가 몸으로 품앗이를 했다. 누가 조그만 선물이라도 주면 반드시 일로써 되갚아 왔다. 보건지소 간호사가 할머니 건강을 생각해서 비타민 영양제를 가져다 드렸더니 다음 날 새벽에 보건지소 앞뜰의 잡초를 아무도 모르게 다 뽑아 놓았다고 하였다. 남들이 자신에게 베풀어 주는 조그만 일에도 헌신적으로 감사의 답례를 하며 살아온 것이다. 그러다 보니 이 할머니는 어느덧 동네에서 가장 필요하고 사랑받는 사람이 되어 있었다.

할머니는 어려운 환경을 꿋꿋이 이겨 내며 강인한 생존 의지를 가지고 살아가면서도 이웃의 성의에 몸을 바쳐 답례해 왔다. 그러한 할머니의 진심이 모두에게 전해져 이웃 아낙네들이 할머니를 먼저 찾고 아끼고 있었다. 어쩌면 신 할머니야말로 성공적 장수의 상징적 인물이 아닐까 생각해 본다.

쌀이며 돈이며 이웃과 나누는 105세 할머니

전남 담양군 무정면 105세 강업비 할머니는 아들이 한국전쟁에서 전사하여 군경유가족 보상금으로 생계를 유지하고 있었고, 강한 국가관과 반공 의식을 갖고 있어 인상 깊었다. 2년 만에 다시 찾아갔을 때에도 생리 신체 현상에 변화가 없었다. 여전히 혼자 살면서 빳빳하게 풀을 먹인 흰 모시옷을 단정하게 입고 있었다. "누가 옷에 풀을 먹여 주었습니까?"라고 묻자, "내가 했지"라며 당연한 것을 왜 묻느냐는 표정이었다.

이웃들은 할머니의 약주가 과하여 하루에 네 홉들이 소주 한 병은 거뜬히 비운다고 하였다. 술을 한 잔 따라 드리며 노래를 청하자 〈청춘가〉를 불러 주었다. 나이 지긋한 분이, 그것도 백 살이 넘은 분이 부르는 〈청춘가〉는 또 다른 의미에서 인생의 무상함을 노래하는 소리였다.

이팔 청춘에 소년 몸 되어서 문명의 학문을 닦아 봅시다
청춘 홍안을 네 자랑 말어라 덧없는 세월에 백발이 되누나
세상 만사를 생각하면은 인생의 부영이 꿈이로구나
무정 세월아 가지를 말어라 장안의 호걸이 다 늙어 가누나
천금을 주어도 세월은 못 사네 못 사는 세월을 허송을 말어라
세월이 가기는 흐르는 물같고 사람이 늙기는 바람결 같구나
청춘 내 청춘 청춘 내 사랑 내 청춘 시절이 다시나 올거나

다른 노래를 재차 청하자 할머니는 거침없이 〈진도아리랑〉을 연이어 불러 박수를 치지 않을 수 없었다. 할머니는 쌀이나 돈이 생기면 동네 사람들에게 나누어 주었다. 선물로 가지고 간 과자 봉지도 바로 뜯어서 우리들에게 한 개씩 나누어 주었다. 사양하자 "그냥 가면 서운해서 안 돼" 하면서 손을 붙잡고 강권하였다.

노래를 부르는 여유와 사람들과 어울리려는 마음이 100세인의 건

강을 젊게 유지하는 요인이 아닐까 생각해 본다. 초고령자이면서도 그 누구 못지않게 여유를 가진 강 할머니와의 대화는 매우 유쾌하였다. 조사단이 떠나려 하자 우리 손을 하나하나 잡으며 "편안하게 가시오, 편안하게 가시오" 하며 헤어짐의 아쉬움을 짙게 표현하였다.

동네 이웃이 자식처럼 챙겨 주는 인기 좋은 할머니

2018년 여름, 폭염 속에 만난 전북 순창군 양분녀 할머니도 98세인데 혼자 살고 있었다. 집으로 찾아가자 동네 아낙네들이 총출동하여 모여 있었다. 서울에 사는 1남 7녀의 자식들이 자주 찾는다고는 하지만, 할머니의 일상생활을 미주알고주알 챙겨 주는 것은 동네 이웃들이었다. 어떤 이웃 주민은 자신이 30년 넘게 할머니와 이웃하고 살았다며 딸들보다 자신을 더 좋아할 것이라고 장담하였다.

할머니는 성격이 좋아서 무엇이든 있으면 마을 사람들에게 나누어 주고 다정하여 인기가 높았다. 주거 환경도 깔끔하게 정리되어 있어 할머니의 부지런한 성품을 보여 주었다. 기초연금을 받고 있지만 자식들이 계를 해서 다달이 할머니가 필요한 경비를 보내고 있었다. 자식이 많으니 서로 큰 부담없이 경제적 부양을 나누고 있었다. 명절에 손주들이 오면 은행에서 돈을 찾아 용돈을 나누어 준다고 하였다. 자식이 많은 만큼 걱정도 많고 힘든 일도 많았겠지만, 나이 들어서는 자식들이 함께 챙겨 주는 행복도 있음을 보여 주었다.

100세가 되었어도 혼자 사는 노인들이 큰 불편 없이 마을 사람들과 어울려 살 수 있는 것은, 평소에도 동네 사람들에게 언제나 사소한 것부터 베풀고 헌신하며 살아왔기 때문이다. 전통 사회에서 마을이 이어 온 상부상조의 두레 정신은 사람들이 살아온 근본 이치였는데, 100세인들은 이런 정신을 철저하게 지키며 살았다.

　　나이와 상관없이 서로 돕고 사는 것이 바로 장수의 필요조건이었다. 다른 사람이 나에게 무엇을 해 줄 것인지 기다리지 않고 내가 그들을 위하여 먼저 다가가고 베풀면 결국 그들도 도움을 준다는 이 간단한 삶의 진리가 100세인의 삶에서도 그대로 적용되고 있었다. 오래 잘 살기 위해서는 아무리 나이가 들어도 받으려 하기에 앞서 먼저 베풀고 나누어 주는 것이 복된 일임을 되새기게 하였다.

CHAPTER 7

신앙의 힘으로
위로받는 100세인

100세인들은 일반 노인들에 비해 종교에 대한 귀의도가 높지 않은 편이다. 자신의 삶에 스스로 책임지고 담대하게 살아가며, 삶에 대하여 달관하고 있는 특징이 있어 종교에 대한 욕구나 필요성이 적었던 탓도 있을 것이다. 또한 기독교와 천주교 등의 종교는 우리나라에 전해진 지가 그리 오래 되지 않아 100세인들이 어렸을 때 이들 종교를 접할 기회가 적었던 원인도 있을 것이다.

그러나 100세가 되도록 신앙 생활을 해 온 장수인들은 죽음이 가까이 올수록 더 간절하고 엄숙하게 신앙 생활을 하고 있었으며, 신앙으로 인하여 훨씬 위로받는 삶을 살고 있었다.

돋보기 들고 성경 읽는 100세 할머니

강원도 양양군 강현면에 사는 이을향 할머니를 찾았다. 마침 다음 날이 할머니 백수연이라 온 가족들이 찾아와 가족 모임을 하고 있던 참이었다. 할머니는 2년 전에 우리가 이미 1차 조사를 한 바 있어 생리 기능, 인지 능력, 일상생활 수행 능력 등에서 어느 정도 변화가 생겼는지 특별한 관심을 가지고 다시 조사에 임하였다.

할머니의 인지 능력과 식습관에는 큰 변화가 없었으며, 여전히 바늘귀를 직접 꿰어 바느질을 할 수 있다고 하였다. 나이가 들수록 생체 기능이 약해지고 효율이 떨어지는 것은 당연한데, 이런 100세인을 만날 때면 마치 시간이 흐르지 않고 정지되어 있는 듯한 느낌이 든다.

할머니는 "내가 왜 이렇게 오래 사는지 모르겠네" 하며 당신의 장수 때문에 자식들에게 미안하다며 민망해하였다. 이런 점은 우리나라 장수인과 외국의 장수인이 크게 비교되는 부분이다. 서양의 장수인은 자신의 장수를 당당하게 여기는 데 반하여 우리나라 장수인은 자식이나 주변 사람들에게 미안해하고 있었다.

인터뷰하는 내내 할머니 손에는 누렇게 바래다 못해 다 해진 찬송가 책이 들려 있었다. 할머니의 독실한 신앙 활동은 어느 누구와도 비교가 될 수 없었다. 앉으나 서나 언제나 돋보기를 들고 성경을 읽었다. 당신이 오래 건강하게 살고 가족들이 모두 온전하게 살고 있는 것이 다 주님의 뜻이고 은총이지 않겠냐며 우리에게 되묻는 할머니의 모습에서 이분의 장수에 신앙이 참으로 큰 역할을 하였을 것임을 충분히 짐작할 수 있었다.

몸단장하고 주일마다 교회 가는 100세 할머니

전남 담양군 대덕면에서 만난 100세인 임씨 할머니는 지금도 스스로 쪽을 지고 단정한 모습을 유지하고 있었다. 성격이 활달하였으며 밭일을 거들 만큼 건강하였다. 기본적인 시공간 인지 상태를 묻는 조사팀의 심리 검사 내용들에 대하여 너무 쉽고 우습다며 오히려 핀잔하였다. "그런 것도 모르면 뭐한다여!"

할머니에게 노래를 청하자 서슴없이 찬송가를 부르셨다. 100세인에게 노래를 청하였을 때 찬송가를 부르는 분은 흔치 않았다. 우리가 할머니에게 교회에 열심히 다니는지 묻자, 갑자기 우울해하면서 "내가 교회를 두 번이나 못 갔어!" 하며, 주일예배에 두 번 빠진 것을 마음에 계속 담아 두고 있었다.

할머니에게 가족 중에서 누가 가장 보고 싶은지 묻자 갑자기 나의 귀를 잡아당기며 조심스럽게 이렇게 속삭였다. "셋째 아들이 제일 보고 싶어." 옆방에 있는 큰아들이 혹시 들을까 눈치를 보면서 당신이 보고 싶은 셋째 아들을 들먹이며 눈물지었다. "그놈이 찬송을 참 잘했어."

죽은 남편보다도, 다른 어떤 가족보다도 그 아들 생각이 강하게 나는 것을 어떻게 하랴. 신앙에 대한 진지함 그리고 자신이 그리워하는 대상에 대한 분명함이 할머니에게 있었다.

86년을 소록도에서 살아온 103세 할아버지의 신앙

정활수 할아버지는 12세에 한센병이 발병하여 17세에 소록도로 들어와 86년째 살고 있는 소록도의 살아 있는 역사이자 전설 그 자체였다. 조사된 바에 따르면 임인생(1902년)인 할아버지는 당시 103세로 우리나라 최장수 나환자였다. 그는 일반 진찰 결과에서도 특별한 문제점이나 활동상 지장 없이 건강하였다. 정활수 님의 아버지, 어머니 모두 백수를 하였으며 아버지의 형제분들도 모두 90수를 넘었고 친형제들도 장수하였다는 특별한 가족력을 가지고 있었다. 그러나 가족 조사는 본인이 가족들과 긴밀한 관계를 가지고 있지 못하므로 그저 그랬다더라는 식의 소문으로만 확인할 뿐이었다. 나환자의 가족 조사는 사생활 침해로 조사가 불가능하였다.

정활수 님은 당신이 살았던 삶에 대한 이야기를 담담하게 들려주었다. 안 해 본 일이 없고, 온갖 고생과 수모를 다 겪었으면서도 흘러간 세월에 대하여 전혀 한(恨)을 갖고 있지 않았다. 오히려 "무슨 불만이 있겠느냐?"고 반문하며 당당한 모습을 보였다. 정활수 님은 소록도에 들어와 동병상련한 사람을 만나 결혼하였지만 부인이 먼저 세상을 떠나기를 반복하여 하는 수 없이 다섯 번이나 새 부인을 만나고 또 헤어지는 안타까움을 겪었다. 그러나 다른 사람이나 운명을 탓하지 않는 할아버지의 태도에서 장수인들이 가지는 긍정적인 태도를 절실하게 느낄 수 있었다.

그토록 어려운 환경에서 살아왔으면서도 어떻게 긍정적인 마음을 가질 수 있었을까? 장수 조사 중의 한 부분인 노인우울증 심리 조사(Geriatric Depression Scale)의 결과에서 답을 찾았다. "절망적이라고 생각합니까?" "내가 쓸모가 없다고 생각합니까?" 등등의 항목에서 모두 "아니올시다"였다. 일반적으로 장수인 중 상당수는 노인이 된 이래 여러 가지 우울증을 호소하기도 하는데 이분은 전혀 그러한 내색이 없었다. 어떻게 그렇게 긍정적일 수 있는지 궁금했는데 "누가 가장 보고 싶은가?" "무엇이 가장 중요한가?"라는 질문에 대한 답을 듣는 한순간에 풀렸다. 바로 예수님이었다. "하나님이 계시는데 무슨 걱정이 있겠어." 답은 단순 명료하였다. 가장 보고 싶은 분은 예수님, 가장 중요한 일은 예수님 믿는 일, 게다가 본인의 취미도 예배당 가는 일이었다. 너무도 어렵고 힘든 상황에서 가족과 사회로부터 소외당하고 박대받았어도 신앙으로 버티고 이겨 내었다.

처참한 상황도 이겨 내는 인간의 모습을 보면서, 종교가 어떤 의미가 있을까 되새겨 보지 않을 수 없었다. 소록도라는 환경에서 여든여섯 해를 살아 냈고 청춘과 인생을 다 바친 할아버지의 모습을 보면서 나병이라는 무서운 병도 신앙의 힘으로 이겨 낼 수 있음을 보았다.

신앙인이 종교를 갖지 않은 사람보다 더 오래 살 것이라는 사실은 충분히 예견해 볼 수 있다. 기본적으로 신앙인은 마음가짐과 행동거지가 무리하거나 거칠지 않으며, 심리적으로도 안정되어 사고를 유발할 가능성이 낮기 때문이다. 그래서 100세 장수인 중에도 독실한 신앙인이 많을 것으로 기대하였지만 반드시 그렇지는 않았다. 특히 천주교나 기독교의 경우는 일반인에게 전해지기까지 오랜 시간이 걸렸기 때문에 신앙과 장수의 상관관계가 높지 않았다. 그러나 한센병과 같이 사회적으로 기피당하던 질환을 가진 환자에게는 신앙이 삶을 지켜 주는 가장 중요한 보루였다.

종교를 가진 100세인들은 삶의 어려움과 고통을 신앙에 의지하여 극복하고, 매사를 감사하며 살아왔다. 이러한 모습은 앞으로 점점 많아질 외롭고 힘든 장수인들에게 종교가 큰 힘이 될 수 있음을 보여준다.

CHAPTER 8

마음속 한 품은 채
100세까지 함께 산 부부들

장수인 조사 과정에서 눈에 띄는 점은 100세인의 남녀비가 여성 위주였고 100세까지 해로한 부부가 극히 적었다는 점이었다. 수백 명의 100세인 중에서 부부가 함께 백 살이 넘은 경우는 세 쌍밖에 만나지 못하였다. 남편이 백 살인데 부인이 90대 또는 80대 후반인 경우는 더러 있었으며 이들 부부 관계도 주목의 대상이 되었다. 평균 60~70년을 함께 살아온 부부들 중에는 여전히 원망이 가득한 채 살아가는 경우도 있었다.

100세가 되어서도 남편의 바람을 용서하지 못하는 할머니

미시령 넘어 인제군으로 들어서서 산기슭에 사는 100세인 부부를 만났다. 할아버지 김영석(가명) 님은 한국전쟁 후 월남하여 재혼하였고, 이후 사업이 승승장구하여 젊은 시절 한가락 하였다고 한다. 막내아들 내외와 함께 살고 있었고, 여전히 두 분 다 건강해서 논에도 나가고 장작도 팰 정도의 기력을 가지고 있었다. 할아버지에게 소원을 묻자 "밖에 나가서 휘휘 돌아 보고 싶어"라고 하였다.

그런데 함께하는 할머니의 표정이 인터뷰 내내 일그러져 있었다. 할머니에게 남편에 대하여 묻자마자 할머니는 봇물 터지듯 불만을 토로하였다. "저 영감 지겨워." 첫마디부터가 심각하였다. 할아버지가 젊은 시절 춤바람이 나서 바람 꽤나 피웠던 과거사에 대한 원한이 아직도 할머니의 가슴속에 깊이 맺혀 있었다. 할아버지가 실금으로 소변 실수가 잦은데도 속옷 빨래를 할머니가 챙기지 않고 막내 며느리가 맡고 있었다. 할머니는 남편의 코고는 소리가 듣기 싫어 다른 방을 쓴 지 오래 됐으며, 남편의 모든 것이 더러워서 상대하기 싫다고 하였다. 그리고 "더러워서 질투도 안 했어!"라고 내뱉었다.

할아버지 과거 행적이 수십 년이 지났고, 그 이후 50년 넘게 함께 살아왔음에도 할머니의 뇌리에는 남편이 바람을 피웠다는 상처가 골수에 맺혀 있었다. 세월이 흐르면 사무친 원망도 어느 정도 희석되고 마음도 달래질 것 같지만 할머니는 전혀 그렇지 않았다.

한 지붕 아래 큰 부인과 작은 부인 두고 사는 100세인

강원도 정선군 사북면에서 여든 살 때부터 시각장애인이 된 100세인을 만났다. 기골이 장대하고 목소리도 쩌렁쩌렁하였다. 젊은 시절 팔팔하였고 바깥일도 열심히 하였다고 자신을 자랑하였다.

그에게는 부인이 두 명 있었다. 본부인은 2남 4녀를 두었는데 아들들이 모두 죽자, 스무 살 넘게 어린 첩을 들여 아들을 보았다고 하였다. 작은 부인에게서 난 자식을 본부인이 자신의 아들로 입적하고 얼씬도 못하게 하여 아직도 그 아들은 본부인을 친어머니로 알고 있었다. 그들은 50년 넘게 한 지붕 아래 같이 살고 있었으며, 본부인은 작은 부인에게 영감은 뺏겼지만 자신이 집안을 관리하고 아들을 차지하였다고 스스로 만족해했다.

인터뷰하면서 할머니에게 남편에 대한 생각을 묻자마자 할머니는 상상할 수 없을 정도의 욕설과 증오의 말들을 폭풍우 몰아치듯 쏟아냈다. 남편에 대한 증오가 이렇게 심할 수가 있을까? 그중에서도 가장 심하게 들렸던 표현은 "눈 다친 건 벌 받아서 그래!"였다. 남편이 시력을 잃어 고생하는 것마저 남편이 바람 피워 첩을 들인 죄에 대한 당연한 징계로 생각할 정도로 원한이 가득 차 있었다.

사진도 같이 안 찍는 원한의 100세 부부

전남 곡성군 목사동면에서 만난 100세인 할아버지는 팔팔하기가 젊은 사람 못지않았다. 팔굽혀펴기를 백 번 정도 거뜬히 한다고 자랑하였다. 젊은 시절 지방에서는 이름깨나 알려진 풍수꾼인 102세 홍순갑 할아버지였다. 풍수잡기하려고 전국을 누볐고, 백두산, 묘향산, 금강산도 다 다녔노라고 자랑하였다.

100세인 조사에서 부부인 경우에는 기념이자 자료삼아 부부 사진을 찍어 드리기 때문에 할머니에게도 부부 사진을 찍어 드리겠다고 했다. 그랬더니 할머니가 "나 저 영감하고 사진 못 찍어!" 하고 거절하였다. 아랫동네 살고 있는 딸이 와 있어서 권하여 주길 부탁하였더니 "두 분은 함께 사진 안 찍을 거예요" 하며 일언지하에 거절하였다.

의외의 일에 놀라서 할머니에게 이유를 물었더니 엉뚱한 답이 나왔다. "저 영감이 처음부터 내게 거짓말만 했어" 하는 것이었다. 결혼할 때 할아버지의 실제 나이가 서른 살인데 스무 살이라고 하여 나이를 열 살이나 속였다는 것이다. 또한 할아버지는 풍수를 잡는다고 전국을 다니느라 한 번 나가면 보통 반 년이나 일 년쯤 지나 돌아왔다가 다시 획 떠나 버리고는 했다고 한다. 그리고 할아버지는 그때마다 거짓말로 둘러대었다는 것이다.

70년을 함께 산 부부지만 할머니에게 남편은 거짓말쟁이고 바람피우는 사람으로 뇌리에 새겨져서 사진 한 장도 같이 찍고 싶지 않을 만큼 원한이 가득하였다.

여자가 한을 품으면 오뉴월에도 서리가 내린다는 말이 있지만, 100세가 되어서도 여전히 원망이 가득한 부부들을 만나면서 놀라지 않을 수 없었다. 젊은 시절의 잘못을 몇 십 년 동안이나 잊지 못하고 한과 증오로 백 살이 되도록 함께 살아야 한다는 것은 바로 지옥이지 않을까. 100년을 살아도 상대방이 준 상처가 여전히 비수로 남아 있는 부부를 보면서 사람이 살아가는 데 부부로서 지켜야 할 도리가 무엇일까 되새겨 보지 않을 수 없었다.

CHAPTER 9

운명에 순응하고 체념하는
100세인의 모습

다른 사람들보다 월등히 오래 살아 가까운 친구들은 대부분 세상을 떠났고, 배우자나 자식들도 상당수 먼저 떠나 버린 상황에서 혼자 남게 된 100세인의 삶에 대한 태도는 어떠할지 궁금했다.

많은 100세인은 대범하고 담담하게 죽음을 맞을 준비를 하고 있었으며, 체념할 것은 체념하는 자유로운 생각을 가지고 있었다. 자신이 이룰 수 없는 것, 당장 할 수 없는 것들에 대한 포기를 자연스럽게 받아들였다. 하지만 100세인들은 집착을 버리면서도 자신의 삶에 대해서는 마지막까지 소중하게 여기며 생명을 잘 지켜 내고자 하는 강한 의지를 보였다. 체념할 것은 비워 버리되 자신의 운명은 끝까지 감수하는 삶의 자세였다.

사는 것이 미안한 105세 최장수 독거노인 할머니

전남 구례군 광의면에 사는 105세 구상위 할머니는 조사 과정 중에 만난 독거노인 중에서는 최장수인이었다. 105세인데도 혼자 사는 모습이 특별해 보였다.

처음 방문하고 2년 지나 다시 만났을 때도 표정이나 태도에 변함이 없었다. 여든 넘은 마을 노인회장이 이웃에 살며 매일 들러 식사를 챙기고 설거지를 도와주었다.

할머니는 2년 전 조사 때보다 청각은 더 나빠졌지만 다른 건강 상태에는 큰 변화가 없었다. 이웃에게 "나, 머리 좀 깎아 줘" 하며 머리 손질을 부탁할 만큼 외모에도 상당히 신경 쓰고 있었다. 할머니는 조사 도중 이웃의 도움으로 살아간다고 고마워하면서도 한편으로는 미안해했다. 생활의 어려움을 묻자, 잠깐 멈칫하더니 자조적인 미소를 지으며 한마디 내뱉었다.

"내가 꼭 죽어야 한디…… 그래서 안 묵어야 한디…… 그래도 기어서라도 정지 가서 묵게 돼."

자신의 삶이 이웃들에게 부담이 되고 있다고 생각했다. 차라리 빨리 죽으려면 식사를 끊어야 하는데, 자신도 모르게 식사 때가 되면 부엌으로 가 밥을 챙겨 먹는다는 말이었다. 오래 살다 보니 이웃을 괴롭힌다며, 이웃들에게 일상생활을 의지하고 사는 것에 대한 미안함이 가득 차 있었다.

삶은 선택이 아니라 주어진 것이기에, 생명을 지키기 위해 하루하루를 소중히 살아가면서도 누군가에게 도움을 받아야 하는 처지가 된 것에 대한 미안함과 온전히 자립할 수 없는 것에 대한 안타까움이 느껴졌다.

사진 속 자신의 모습이 못나서 싫다는
100세 할머니

전남 곡성군 서봉리의 다 허물어져 가는 허름한 집에서 4대가 함께 어렵게 살고 있었다. 100세인 박판례 할머니는 고관절 골절로 방안에서만 생활하였으나 시각, 청각, 인지 기능은 원만하였다. 폐 기능을 조사하기 위하여 호흡측정기를 입에 물게 하자 마이크로 착각하고는 인사말을 던졌다. "뭐라고 할까. 고맙소."

조사를 위한 질문을 시작하자 할머니는 똑 부러지게 모르는 것은 모른다고 답하였다. 할머니는 어떤 것이 가장 힘드냐는 질문에 다리를 쓸 수 없어 움직이지 못하는 것을 한탄하였다. 아무리 나이가 들었어도 일하면서 살아야 한다는 삶의 철칙을 가지고 있었고 자신의 몸이 온전하지 못해 원칙에 벗어나 있는 상황을 견디기 어려워했다. 평생을 부지런히 움직이고 일하면서 살아온 덕분에 어렵고 가난한 환경에서도 장수를 누릴 수 있었음을 보여 주었다.

디지털 카메라로 사진을 찍어 본인의 모습을 보여 드리자, 할머니는 한참 들여다보더니 "못쓰겠구만" 하며 눈을 찡그렸다. 나이 들어 변한 자신의 모습을 야속해하며 한숨을 내쉬었다. 아무리 나이 들고 어려운 상황에 처해 있어도 자신의 외모마저 포기하지는 않았다. 나이가 들었으니까 아무렇게 보여도 된다고 생각하는 100세인은 없었다.

네 명은 네 명이고 내 명은 내 명, 자신만 챙겨서 욕먹는 103세 할머니

경북 상주에서 만난 103세 문점순 할머니는 자신의 삶에 철저한 분이었다. 백 살이 넘은 나이인데도 몸에 치장하는 것을 좋아하였다. 옷차림도 깔끔하고 손에는 반지를 3개나 끼고 시계도 차고 있었다. 노인정에 가면서도 자신의 도시락을 싸 가는 독특한 분이었다.

할머니는 인터뷰 도중에 조금이라도 불편한 질문이 나오면 "아야" 하면서 말을 회피하였다. 할머니를 모시고 사는 둘째 며느리는 할머니를 상당히 비판적인 시각으로 평하였다. 할머니가 다른 걱정은 일체 하지 않고 오직 자신의 몸만 챙기고, 자식들에 대해서도 오는지 가는지 관심도 없고 무사태평으로 잠만 쿨쿨 잔다고 하였다. 할머니는 큰아들 장례를 치를 때도 온 가족이 식음을 전폐하고 슬퍼하는데 혼자 비빔밥을 싹싹 비벼 드셨다며 며느리가 혹평하였다. 또한 가족 일에는 무심하지만 자신이 먹는 약은 철저하게 시간 맞추어 챙겨 먹는다고 했다.

할머니는 가족들에게 "네 명은 네 명이고, 내 명은 내 명인 것이여" 하며 쉽게 체념해 버리고 오직 자신의 삶만 챙기고 있었다. 설령 자식이라도 자신과는 다르다는 철저한 지론을 가진 모습이었다.

암과 친구하면서 세 번의 암을 이겨 낸
대통령 주치의였던 고창순 박사의 달관의 삶

대통령 주치의로 활동했던 고창순 박사는 의료정보학, 의공학, 노화학, 완화의학 등 여러 학문 분야에 선두로 나서서 개설하신 우리나라 의과학 분야의 거목이자 원로다.

그는 나의 의과대학 시절 은사이자, 서울대학교 의과대학 체력과학노화연구소를 물려준 분이기도 하다. 그러나 선생님의 화려한 경력보다도 나에게 감동이 되는 것은 당신의 병력과 삶에 대한 자세였다. 그는 젊은 시절에 대장암을, 50대 초반에는 췌장암을, 정년 무렵에는 간암을 앓았지만 이 모든 암을 다 이겨 내고 팔순이 넘는 날까지 여러 가지 일들에 활발하게 참여하였다. 그래서 선생님과의 만남은 항상 신선한 자극이 되었고, 생명에 대한 경외감을 느끼는 기쁨이 있었다. 선생님에게 다양한 암을 이겨 낸 비결을 물으면 답이 명쾌하였다.

"암을 적대시하지 않고 암과 친구하면서 더불어 사는 거야."

굳이 암을 피하려 하거나 굴하지 말고 담담하게 살아간다는 것이었다. 대부분의 사람은 한 가지의 암에도 당황하고 두려워하는데 선생님은 세 가지 암을 모두 극복한 진정한 인간 승리의 영웅이었다.

퇴원하면 또 흔연하게 제자들과 어울려 반주를 즐기기도 했다. "선생님, 술은 그만 드셔야죠" 하고 말리는 후학들에게 "언제든지 떠날 준비가 되어 있어. 그러니 자네들하고 한두 잔이야 해야지" 하면서 미소를 지었다. 세상을 떠나기 전 해에 나에게 가천대학교 이길 여암당뇨연구원 원장을 맡으라고 적극 권하셔서 서울대학교를 명예퇴직하고 떠난 것도 사실은 선생님 때문이었다. 아쉽게도 100수를 누리지 못하고 돌아가셨지만, 죽음의 고비를 여러 번 넘기며 누구보다 달관한 삶의 태도를 보여 주셨으며, 마지막까지 당신의 삶에 최선을 다하는 모습은 생명의 존엄함과 거룩함을 후학들에게 깊이 새기게 해 주었다.

초고령 장수인들은 아무리 환경이 어렵고 자신의 건강이 나쁠지라도 주어진 생명을 지키기 위하여 끝까지 애를 쓰고 있었다. 어쩔 수 없는 상황에 처해서는 미련을 두지 않고 아픔을 훌훌 털어 내는 모습도 보았다. 이러한 달관과 체념의 모습을 전 세계 다른 지역의 장수인에게서도 볼 수 있다.

오키나와는 자연적으로는 매년 태풍이 수없이 몰아쳐 피해를 입고, 사회·역사적으로는 일본과 중국의 틈새에서 양쪽의 지배로 핍박을 받았다. 태평양전쟁의 한가운데 있어 주민들이 엄청난 살상의 피해를 입었고, 미국의 지배를 받다가 다시 일본에 귀속된 지역이다. 이러한 상황에서도 오키나와가 세계 최고의 장수 지역이 된 이유는 무엇일까?

이 지역 주민들에게는 힘들고 험한 일들을 잊어버리고 체념해 버리자는 '아키라메루(諦める)'라는 전통이 있다. 대책이 없는 고통이 왔을 때 차라리 일찍 포기하거나 체념하고 적응함으로써 생존을 택

하는 방법이다. 자연과 역사의 고통을 이겨 내고 장수를 얻게 된 동력이 아닐까 유추해 본다.

우리나라 장수 지역인 제주도에도 이와 비슷한 개념이 있음을 인류학자 전경수 교수가 발견하여 보고하였다. 제주도에서는 어떤 일이 어렵고 힘들어 이겨 낼 수 없거나 이룰 수 없을 때 "해염시민 해지지(하다가 보면 하게 되는 것이지)"라고 하는데, 아등바등하지 않고 서두르지 않고 되는 대로 살아가는 삶의 방식이었다. 어쩔 수 없는 일들은 하루빨리 체념하고, 자신의 운명을 숙연하게 받아들이는 것이다. 장수인들이 자신이 해야 할 일을 할 수 있을 만큼은 최선을 다하고, 남에게 신세지지 않으며, 여유를 가지려는 태도를 갖는 것은 자신의 운명을 사랑하기 때문이다.

CHAPTER 10

죽음을 담담하게
기다리는 100세인

백 살 정도까지 산 분들은 언제까지 살고 싶다고 생각하고 있을까? 장수인들은 아직도 생에 대한 집착이 클지 아니면 죽음에 대하여 대비하고 있을지 궁금하였다. 내가 만나 본 100세인들 대부분은 주어진 생명에 순응하며 살아가면서도 그중에는 죽음을 담담하게 준비하는 이들도 있었다.

머리맡에 노잣돈 준비해 놓은 105세 할머니

전남 담양읍에서 가까운 최씨 집성촌에서 105세 노덕순 할머니를 만났다. 여전히 텃밭도 가꾸고 꽃도 가꾸고 노인회관에도 출입하였다. 마을 부녀회장을 지낸 할머니는 자기관리가 철저하고 성격이 괄괄하며 배포가 컸다. 은행에서 돈을 찾아오라 하여 매달 손자, 손부, 증손자에게 5만 원 정도씩 용돈을 주었다. 증손자와는 꼭 100살 차이가 났다.

할머니는 원래 배우지 못하여 글을 읽지 못하였다. 그런데 손주가 학교 다니면서 공부한 것을 가져오자 그것을 보기 위해 예순이 넘어 독학으로 한글을 배워 글을 읽을 정도로 의지가 강한 분이었다.

할머니의 머리맡에 붉은 복주머니가 있었다. 무엇이냐고 묻자 손주며느리가 할머니 노잣돈 주머니라고 하였다. 주머니에는 돈 10만 원이 들어 있고, 주머니 옆에는 빗과 거울이 놓여 있었다. 며느리 말로는 할머니가 노잣돈 주머니와 빗, 거울, 수저, 신발을 소중하게 간직한다고 하였다. 죽음의 강을 건널 때 뱃사공에게 뱃삯을 준다고 하는 그리스 신화의 이야기처럼 동양 사회와 우리나라에도 죽음의 길을 갈 때 노잣돈을 준비한다는 이야기가 있다. 할머니는 그런 노잣돈을 스스로 준비해 두고 매일 점검하였고, 항상 거울을 보며 단정하게 머리를 빗었다. 언제 죽을지 모르지만 죽음을 앞두고 깨끗한 모습으로 노잣돈을 챙겨서 죽음의 길을 떠날 준비를 하는 것이다. 죽음을 앞두고 몸을 정화하며 떠날 준비를 하는 모습은 인생을 잘 정리하고 마무리 지으려는 생의 거룩한 의지가 아닐까 생각한다.

자신이 들어갈 관을 미리 짜 놓은 100세인들

전남 곡성군의 100세인을 방문했을 때, 대문에 들어서자 입구에 번들번들하게 윤이 나는 관 비슷한 것이 세워져 있어 무엇인가 물었다. 바로 관이었다. 100세인은 당신이 70세가 되었을 때 마침 뒷산에 좋은 나무가 있어 관을 짜서 미리 준비해 두었다고 하였다. 그런데 관을 짜고 나서도 벌써 30년이 흘러 관이 썩지 않게 매년 관의 안팎에 기름칠을 한다고 하였다. 100세인은 자식들이 관을 소중하게 관리하는 모습을 보면 만족스럽다고 하였다.

전북 진안군에서 만난 107세 할머니의 경우는 자식들이 할머니 나이 60세가 되었을 무렵 좋은 나무로 관을 짜 두었는데 20년이 지나자 관이 썩어 버렸다고 하였다. 그래서 이번에는 자식들이 석재로 관을 다시 만들었다는 것이다. 그 관을 숨겨 놓지도 않고 곳간 옆에 놓아 두었다. 죽으면 들어갈 관을 아무런 거리낌 없이 가족들이 드나드는 자리에 두고, 가족이나 100세인 모두 이를 담담하게 바라보고 사는 것이 신기하였다.

관을 미리 준비해 둔 100세인들은 삶과 죽음에 대한 경계가 없이 죽음을 당연하고 자연스럽게 받아들이는 태도를 지니고 있었다.

죽기가 정승하기보다 어렵다는 100세인들

경북 문경시 가은읍에서 만난 금해성 할아버지는 혼자 살고 계셨다. 자식들이 서울에서 같이 살자고 해도 안 간다고 하였다. 부인과는 10여 년 전에 사별하고 혼자 농사지으며 살고 있었다. "혼자 있는 것보다 같이 있는 게 더 좋지. 그런데 모이는 데 가면 젊은이들이 안 받아 줘." 그는 홀로 지내는 아쉬움을 이렇게 토로하였다.

자신의 삶에 대해서는 "나 후회하는 것 없어. 하고 싶은 대로 다 했어"라고 담담하게 말했다. "이제 죽어도 원이 없어. 수(壽)가 족(足)하면 욕(辱)이 많아져"라고 덧붙이면서 "죽기가 정승하기보다 더 어려워"라며 죽음에 대한 달관의 마음을 표하였다.

전남 담양군에서 만난 100세 할머니도 매우 건강하였다. 며느리 구박도 하고, 동네일에 참견도 하고 있기에 으레 생에 대한 집착이 클 것으로 생각했다. 할머니와의 인터뷰를 마치면서 더 오래 건강하게 사시라고 인사를 하자 할머니의 답은 퉁명스러웠다. "그런 소리 마소, 저승사자가 나를 잊어버린 모양이네. 제발 저승사자에게 나 데려가라고 부탁 좀 전해 주게." 어서 세상을 떠날 수 있게 해 달라고 부탁하는 것이었다.

우리나라에서는 전통적으로 장수에 대한 소망이 매우 컸다. 행복의 조건으로 무엇보다도 장수가 첫째고 불행의 첫째도 단명임을 강조해 왔다. 일상생활 도구인 수저, 밥그릇, 밥상, 상보, 베개, 이불, 촛대, 장롱, 병풍 할 것 없이 모두 수(壽)와 복(福)자 문양으로 장식하였고, 해, 산, 물, 돌, 구름, 소나무, 불로초, 거북, 학, 사슴으로 구성된 십장생 문양을 집집마다 여기저기 두었다. 장수는 사람이 가지는 당연한 바람이기 때문에 누구나 더 오래 사는 것에 대한 집념이 있을 것으로 기대하였다. 그런데 100세인의 경우는 충분히 살았음을 깨닫고 있었으며 적절한 때에 떠나야 함을 충분히 인지하고 있었다. 장수인의 사생관은 이미 달관의 경지에 있었다.

100세를 맞을 당신이 지금 해야 할 것들

🔊 1
건강 장수를 위한
기본 원칙 3강

<u>세상이 어떻게 변하든</u> 사람의 수명이 연장되어 오래 살게 된 현상은 이제 돌이킬 수 없는 새로운 흐름이다. 장수 시대가 도래하면서 가장 중요해진 것은 결국 개개인의 건강을 마지막 순간까지 어떻게 유지하는가다. 누구나 건강한 심신으로 자신과 주변을 괴롭히지 않고 당당하게 살다가 죽기를 염원한다. 이러한 바람을 이루기 위한 삶의 자세 또는 행동강령의 원칙들을 살펴보자.

우리는 살아가는 과정에서 수많은 금기를 만나게 된다. 대부분의 금기는 인간이 잘못되지 않도록 주의를 주고 경계하는 차원이다. 이는 사회적인 시스템에서 안전을 추구하고 과오를 막기 위하여 집단에 적용하는 극히 수동적이고 방어적인 방편이다. 하지만 인간 개개인의 건강 장수를 추구하기 위해서는 이러한 소극적 접근으로는 불가능하다. 왜냐하면 우리는 현재와 같은 장수 시대를 경험한 적이 없었으며 이러한 추세가 빠르게 진행되고 있기 때문이다. 새로운 시대에 부응하여 건강한 장수를 누리기 위해서는 보다 진취적이고 적극적인 태도와 삶의 자세가 필요하다.

건강 장수 행동강령의 기본 원칙인 3강(三綱)은 간단하다. '하자', '주자', '배우자'다. 사람들은 나이가 들면 행동의 제약을 크게 받는다. 우선 사회적 제약이다. 정년퇴직을 비롯해 연령에 한계를 두는 여러 사회 제도가 활동 범주를 크게 제한한다. 그러나 더 큰 제약은 본인 스스로의 제약이다. "나이가 들었는데…" "이 나이에 무슨…" "차라리 가만히 있는 것이 낫지" 등등의 자기 폄하에 의한 망설임과 자포자기한 사고로 스스로 활동에 한계를 설정하는 일이 흔하다.

1강: '하자' 원칙(Principle of Do It)

'하자'라는 의지를 관철하기 위해서는 구체적인 방안을 세워야 한다. '하자(Do It)'를 실천하기 위해서는 무엇보다도 하고 싶은(Will Do) 것을 먼저 찾아야 한다. 젊어서는 생존 경쟁에서 살아남기 위해 바둥대다가 엄두를 못 내었던 일들을 이제는 여유를 가지고 해 보는 것이다. 자신의 건강을 위해서도 보다 더 적극적으로 시도해 보자.

그렇다고 무리해서 과도한 욕심을 내는 것은 금물이다. 자신의 능력과 여건을 고려하여 할 수 있는(Can Do) 일을 하는 것이다. 늙음과 젊음의 차이점은 완충력이다. 노년은 여러 신체적·정신적 고통에서 버티는 회복력(resilience)이 부족한 시기임을 인정하고 절대 무리하게 추진해서는 안 된다. 나이가 들면서 맞게 되는 신체적 변화 중 가장 문제가 되는 것은 급격한 운동으로 인한 충격이다. 탄력성이 떨어지기 때문에 속도를 늦추고 서서히 추진해 가면서 여력을 키워야 한다. 당장 할 수 있는 작은 일에서 시작하여 점차 능력을 확대시켜 나가려는 꾸준한 노력이 필요하다.

다음으로 나이가 들어서는 어떤 일을 하든지 함께하는(Let's Do) 것이 중요하다. 무슨 일을 하겠다고 결심하였지만 나이가 들어서는 빨리 피곤해지고 하려는 의욕이 쉽게 줄어든다. 그래서 자연스레 여러 가지 핑계로 일을 미루기 마련이다. 아무리 하고 싶었던 일이라도 중도에 그만두기가 쉽다. 이러한 문제점을 해결하기 위한 방편 중 하나는 함께하는 것이다. 친구나 이웃, 가족 등 누구든지 함께하는 사람이 있으면 그만두고 싶더라도 한 번 더 생각하고 다시 하게 되므로 무슨 일이든 누군가와 함께하는 방안을 강구해야 한다.

2강: '주자' 원칙(Principle of Give It)

고령 사회가 되면서 가장 큰 이슈가 되는 것은 복지 문제다. 젊어서는 사회에서나 가정에서 헌신하며 살았지만 나이가 들어서는 신체가 건강하지 못하거나 정신이 온전하지 못하여 일상생활이 어려워지고 경제적 여유도 없어진다. 그러므로 국가와 지역 사회가 노인을 돌보아야 한다는 복지 논리가 팽배하다.

우리나라와 같은 유교 문화권에서는 노인 봉양과 장유유서가 사회 관습의 근간을 이루었기에 노인 복지에 대한 공감대가 큰 편이지만, 그동안 노인 봉양의 문제는 국가나 지역 사회의 당위가 아니라 개개 집안의 책임이 절대적이었다. 그러나 현대에 이르러 사실상 자식의 부모 부양 풍습이 사라지고, 평균 수명은 급격히 늘어나면서 사회적으로 큰 혼란이 일어나고 있다. 그러다 보니 국가나 사회의 부담이 커지고, 노인복지법을 중심으로 노인에 대한 혜택을 강조하는 것이 정치권의 해법이 되면서 반사적으로 노인에 대한 인식도 변질되어 가고 있다. 노인은 더 이상 어른으로서 존경의 대상이 아니라 복지 수혜의 대상으로 비치면서 노인이 사회 문제의 존재로 전락하고 있는 것이다.

이러한 위기를 탈피하기 위해서는 노인 스스로 '받기만 하는 자'에서 '주는 자'로 이미지를 전환해야 한다. 나이가 들어 돈도 없고 몸도 신통치 않아 줄 것이 없다고 생각할 수 있지만, 주려고 마음먹으면 줄 것은 많다. 시간적 여유가 있기 때문에 지역 사회에서 필요로 하는 다양한 분야의 자원봉사를 얼마든지 할 수 있다. 집안에서도 자녀나 남의 도움을 당연시해 왔던 태도를 버리고, 본인이 직접 가사를 돌볼 수 있다. 인간은 받을 때보다 줄 때 훨씬 더 큰 마음의 행복과 보람을 느낀다.

3강: '배우자' 원칙(Principle of Prepare It)

사람들은 나이가 들면 새로운 것을 배우고 습득하는 것을 망설인다. 그 나이에 배워서 무엇을 하겠느냐는 목적상의 갈등도 있지만, 동기부여 욕구도 없고, 세상사에 별로 흥미를 느끼지 못하기 때문이다.

지난날과 달리 이제는 은퇴 후 50년을 살아야 하는 상황이 되었다. 따라서 은퇴 후 편하게 여행이나 다니면서 즐기겠다거나, 하는 일 없이 시간을 보내기에는 남은 세월이 매우 길다. 초·중·고등학생 시절의 교육과 대학 교육은 경쟁 사회에서 생존하기 위한 목적이었기에, 이런 교육만으로는 여생을 만족할 수 없다.

은퇴 후 새로운 세상에 들어가서 새로운 일을 하는 것만큼 설레는 기쁨은 없다. 더욱 중요한 것은, 새로 배우지 않는다면 은퇴 후에 할 수 있는 일도, 하고 싶은 일도, 함께할 일도 없게 된다. 주고 싶어도 줄 수 없게 된다. 따라서 나이가 들수록 새로운 것을 더욱 열심히 배워서 내 것으로 체득해야 한다.

100세를 준비하는
행동강령 8조목

1조목: 몸을 움직이자

나이가 들어감에 따라 바꿔야 하는 삶의 패턴과 생활 습관 가운데 첫째는 몸을 움직이기를 망설여서는 안 된다는 것이다. 어느 100세 인은 자신의 장수 비결을 '자전거 장수론'이라는 한마디로 인상 깊게 표현하였다. 자전거는 계속 달리지 않으면 쓰러지기 때문에 페달을 계속 밟아야 하듯이, 자신의 몸을 쉬지 않고 사용해야 한다는 의미다.

몸을 사용함에도 차이가 있다. 예를 들면 노동은 소득과 생존을 위하여 해야만 하는 일이다. 하지만 운동과 여가 활동은 자신의 건강을 위하여 또는 여가를 선용하기 위하여 좋아서 하는 것이다. 따라서 움직임의 패턴과 심리적 보상에는 큰 차이가 있지만 장수를 위해서는 노동이든 운동이든 무조건 자신의 몸을 지속적으로 사용해야만 한다.

2조목: 마음을 쏟자

아무리 나이가 들더라도 자신의 마음을 쏟을 일과 대상을 찾아야 한다. 일본의 100세 시인인 시바타 도요는 "아흔여덟 살이라도 사랑은 하는 거야. 꿈도 꿔. 구름도 타고 싶은걸"이라며 자신의 감정을 표현하였다. 늙었다는 이유가 세상사에 관심을 두지 않고 마음도 쏟지 못할 이유는 되지 않는다. 자신이 스스로 포기하지 않는 한, 어떠한 일에도 관심을 가질 수 있다.

그리고 감정을 과감하게 표현하면서 살아야 한다. 그동안 내가 만나 본 대부분의 100세인은 자신의 희로애락을 발산하는 데 전혀 망설이지 않았으며 흥이 있었다.

3조목: 변화에 적응하자

세상은 엄청나게 빠른 속도로 변화하고 있다. 과학기술의 혁명은 단순히 일상생활의 패턴에만 영향을 준 것이 아니라 인간관계의 본질을 변화시킬 만큼 큰 영향을 주고 있다. 이러한 상황에서 '옛날에는 어떠했는데' 식의 사고를 해서는 안 된다. 일상의 모든 것이 달라지는 상황에서 과거에 집착하는 것은 아무런 의미가 없다.

새로운 지식이나 새로운 기술을 빨리 배우는 길만이 여생을 여유 있게 보내는 방법이다. 다가오는 모든 변화를 거부하지 말고 받아들여야 한다. 얼마나 수용하느냐에 따라 내 삶의 터전과 할 수 있는 일의 범위가 달라진다.

4조목: 규칙적이 되자

사람들이 은퇴 후 갖는 가장 큰 고통 중에 하나가 일상생활의 리듬이 바뀌어 견디기 어렵다는 점이다. 이 문제를 다른 각도에서 살펴보면 은퇴 전에는 직장이라는 시간결정자가 있어 출퇴근이 강제되어 있었는데, 은퇴 후에는 그러한 강제 시간결정자가 없다는 점이다.

이러한 경우에는 스스로가 시간 결정 요인을 정하고, 이에 맞추어 규칙적이고 활동성 있는 생활 리듬을 만들어야 한다. 100세인의 인터뷰 중 흥미로웠던 점 중 하나는 식사 시간을 정확히 지킨다는 사실이었다. 식사 준비가 5분만 늦어도 큰일이 난 것처럼 반응한다는 100세인의 이야기는 얼마나 규칙적으로 생활하고 있는가를 보여 주는 사례다.

식사 시간, 운동 시간, 취침 시간 등등을 정하여 규칙적으로 생활하는 것이 바람직하다. 이는 생체에너지 소모를 최저화하고 효율을 높이며 몸과 마음의 피로를 줄이고 실패율을 최소화할 수 있는 최선의 경제적인 방안이다.

5조목: 절제하자

호주 애들레이드에서 열린 국제노화학회에서 논의된 사항 중 하나는 일반인들에게 건강 장수를 위하여 무엇을 권할 것인가였다. 국제적으로 저명한 학자들이 합의하여 내놓은 결론은 단순명료하였다. 일상생활에 있어서 어떤 것도 무리하지 말고 적정선에서 중용을 지켜야 한다는 것이었다.

그러기 위하여 적절한 영양(Optimum Nutrition), 적절한 운동(Optimum Exercise), 적절한 스트레스(Optimum Stress)가 필요하다고 하였다. 그 당시 유행했던 소식도 아니고, 물론 과식도 아닌 적절한 영양 섭취가 강조되었다. 운동도 너무 심하게 해서도 안 되고 또 너무 하지 않아도 안 된다고 하였으며, 스트레스의 경우는 아무런 스트레스가 없는 무념무상의 상태여도 안 되고 너무 과다한 스트레스를 받아도 안 된다고 하였다. 적절한 운동, 영양, 스트레스를 받고 사는 우리의 일상이 바로 장수의 조건이라는 결론이다.

6조목: 나이 탓하지 말자

대부분의 사람은 단순히 나이를 이유로 일을 포기하거나 그만둘 때가 많다. 미야자키 히데키치라는 일본 100세인은 92세에 달리기를 시작하여 100세에 100미터 달리기를 29.83초에 주파하였고, 세계 최고령 마라톤 완주 기록을 세운 영국인 파우자 싱은 100세에 마라톤 풀코스를 완주하였다. 이 밖에도 100세에도 산행을 즐긴다거나 수영 1500m를 완영하는 기록들을 보면 믿기지 않을 정도로 젊은이 못지않은 건강 상태를 유지할 수 있음을 알 수 있다.

7조목: 남의 탓하지 말자

나이가 들었다고 해서 내 일을 남이 대신해 주지는 못한다. 그런데도 우리는 나이가 들면 으레 누가 나의 일을 대신해 줄 것이라고 착각한다. 그러나 절대 그렇지 않다. 내가 직접 하지 않는 한 어떤 것도 이루어질 수 없음을 명백하게 깨달아야 한다.

나이가 들어서 모른다는 핑계도 더 이상 주장할 수 없다. 첨단 과학 기술로 세상이 빠르게 변하여 따라가지 못한다는 변명은 구차할 뿐이다. 배우면 될 것인데 배우지 않고 불평만 해 보아야 아무런 쓸모가 없다. 어렵고 익숙하지 못하더라도 조금씩 직접 배우면서 스스로 해결하여야 한다.

나이가 들수록 더 배우고 더 나아져 가는 것이 중요하다. 내가 더 나아져서 남을 도울 수 있어야 한다. 나이가 들었는데도 남이 도와주지 않는다는 불평은 장수 사회에서 통하지 않는다.

8조목: 어울리자

　나이가 들어 혼자 남게 되면 외로워지고 결국 우울증에 빠져 건강에 매우 나쁜 결과를 초래한다. 이러한 일을 막는 방법은 최선을 다하여 사람들과 어울리고자 노력하는 것이다. 가족, 이웃, 친구와 모든 일을 함께하려는 노력을 일찍부터 기울여야 한다.

　강원도 깊은 산속에서 혼자 사는 100세인은 동네 사람들이 오면 주려고 과자와 빵을 항상 준비해 두고 있었다. 먼저 정을 베푸니까 이웃들이 찾아오는 것이다. 전남 담양의 100세인은 허리도 굽고 다리도 불편하여 지팡이를 의지해 간신히 걸으면서도 매일 마을회관을 찾아갔다. 젊은 노인들의 모습을 보는 것만도 큰 위안이 된다고 하였다. 강원도 화천군 산속에서 오고 가는 데 4시간 이상씩 걸리는 산길을 걸어 매주 친구를 찾아가는 100세인의 우정은 나이 드신 분들에게 어울림이 얼마나 소중한 일인지 보여 준다.

　건강 장수를 위한 노력은 언제 시작해도 좋다. '이미 80세인데', '90세가 넘었는데' 하면서 지금 시작해야 무슨 소용이겠냐며 망설이는 경우가 있다. 좋은 노력은 나이에 상관없이 언제든 시작하면 된다. 포기하거나 미루지 말고 지금 당장 생활 패턴을 개선하고 지속적으로 추진하면 전혀 다른 세상이 열린다. 로마 시대에 유행했던 유명한 격언이 있다. "쿠어드 파키스, 베네 파크!(Quod Facis, Bene Fac!)" 이왕 해야 할 일, 잘하자는 의미다. 그렇다! 이왕 살아야 할 것 잘 살아야 하고, 마지막까지 멋지고 당당하여야 하지 않겠는가.

ᯤ **3**

무엇을 어떻게 먹을 것인가?
세계의 장수 식단

장수 마을 사람들은 무엇을 먹고 살기에 건강을 유지하면서 오래 살까? 식생활은 장수 연구와 관련하여 무엇보다도 사람들의 관심을 끄는 분야다. 일상생활에서 먹는 것은 중요한 비중을 차지하므로 장수하려면 무엇을 어떻게 먹어야 하는가에 관한 사람들의 관심은 지대하다.

장수 건강 식단의 대명사, 지중해 식단

장수 건강식으로 잘 알려진 지중해 식단은 그리스, 이탈리아, 스페인 등 지중해 주변 국가들의 식사 습관이다. 관련 논문만 3,000편이 넘을 정도로 주목을 받았고, 노화 방지, 우울증, 치매 예방 등에 효과가 좋다고 알려져 있다.

지중해 식단의 기본은 '균형'이다. 과일과 채소, 통곡물, 빵, 감자, 닭고기 등의 가금육, 견과류, 올리브오일을 먹을 것을 강조한다. 붉은 고기를 월 2~3회 이내로 섭취하고, 적당량의 레드와인과 저지방 우유를 마신다. 중요한 것은 영양소의 비율이다. 탄수화물, 단백질, 지방의 비율을 4:3:3으로 구성해 균형 잡힌 식사를 하도록 한다.

영국 에든버러대학교 미셸 루치아노(Michelle Luciano) 박사팀이 미국신경학회지《뉴롤로지 Neurology》에 발표한 논문에 의하면, 지중해 식단이 노년기 뇌 건강에 긍정적 영향을 주는 것으로 나타났다. 연구진은 치매에 걸리지 않은 70세 안팎의 스코틀랜드인 967명의 식습관에 관한 정보를 수집한 후 뇌 전체 용적, 뇌 회백질의 용적, 대뇌겉질의 두께에 대해 추적 조사를 실시했다. 그 결과 지중해식 식단을 따른 노인들의 뇌 전체 용적의 감소 비율은 그렇지 않은 노인들보다 낮은 것으로 나타났다.

지중해 식단이 유방암 위험을 낮춘다는 연구 결과도 있다. 스페인 나바라대학교 연구팀은 지중해식 식사를 한 60~80세의 여성 4,200여 명을 5년간 추적 관찰했다. 이 기간 동안 35명의 유방암 환자가 발생했으나, 연구 결과 지중해 식단을 섭취한 그룹은 유방암 발병 위험이 그렇지 않은 그룹에 비해 68퍼센트나 낮은 것으로 나타났다.

그동안 연구 조사에서 밝혀진 지중해 식단의 특징은 다음과 같다.

- 신선한 채소와 과일을 많이 섭취한다.
- 올리브를 다량 섭취한다. 특히 올리브오일을 모든 조리시 사용한다.
- 곡물, 견과류 등을 통째로 섭취한다.

- 생선을 비롯한 해산물과 닭고기, 양고기 등을 적당히 섭취한다.
- 소고기와 돼지고기는 가급적 적게 섭취한다.
- 양의 젖으로 만든 페타치즈를 즐긴다.
- 소금 대신 케이퍼, 오레가노, 타임, 올리브, 레몬 등의 허브와 향신료를 이용해 맛을 보강한다.
- 와인을 소량 마신다.
- 가족, 친구들과 함께 식사를 즐긴다.

이들의 모든 특성이 학문적 주목을 받게 되었다. 무엇보다도 신선한 과일과 야채를 통해서 각종 폴리페놀, 카로티노이드, 이소플라보노이드 등의 항산화성 물질의 섭취가 월등하게 높다는 점에 과학자들이 주목하였다. 그리고 섭취하는 칼로리의 30~40퍼센트가 지방인데, 이 중 70퍼센트 이상이 불포화지방산, 특히 올리브에서 나오는 올레산(oleic acid)과 알파-리놀렌산(alpha-linolenic acid)이라는 단일불포화지방산의 형태였다. 특히 오메가6 지방산과 오메가3 지방산의 섭취 비율이 유럽이나 미국의 경우 20:1 정도인데, 지중해 식단에서는 2:1 정도로 높았다.

지중해 지역 사람들의 지방 섭취 비율이 높은 편인데도 생활 습관 질환인 비만, 당뇨, 고혈압 및 암의 발생 요인으로 지목되는 체내 지방 축적이 높지 않다는 사실에 주목해야 한다. 지중해 지역의 주민들이 지방을 다량으로 섭취함에도 그 주성분이 올리브오일이기 때문에 심혈관 질환 사망 빈도가 낮다고 보는 현상을 '지중해 역설

(Mediterranean Paradox)'이라고 부른다. 이후 지중해 식단은 건강 식단으로 표준화되고 일반인들에게 익숙해지면서 세계적인 유행이 되었다.

생선 위주의 그린란드 장수 식단

그린란드 식단도 지중해 식단과 함께 세계적인 장수 식단에 포함된다. 그린란드 식단은 덴마크의 한 젊은 의사의 연구에 의해 발견되었다. 생선이 가진 다중불포화지방산(PUFA)이 생리적으로나 질병적으로 매우 유용한 효과를 보인다는 보고였다.

이 보고를 한 덴마크 의사는 덴마크 통치령인 그린란드의 보건소로 파견되어 주민들의 건강 관리를 하게 되면서 연구를 시작했다고 한다. 예나 지금이나 유럽 같은 선진국에서는 심혈관 질환이 사망의 가장 큰 요인이었다. 낙농 국가인 덴마크는 육류와 유제품의 소비가 많아 고혈압, 심근경색 등과 같은 심혈관 질환 발생이 특히 높은 지역이었다. 그래서 의사들도 이런 질환에 특별한 관심을 기울이고 있었다. 그런데 그린란드로 파견된 이 의사는 이누이트인들에게 심혈관 질환이 거의 없다는 사실을 발견하고, 그 원인이 이들의 식생활에 있음을 직감하였다. 이누이트인은 육류 섭취가 없는 대신 생선과 물개 등을 주로 먹는 반면 채소 섭취는 별로 하지 않는다는 사실에 주목하여 본격적인 연구를 시작하였다.

우선 그린란드에 살고 있는 이누이트인과 덴마크에 이주해 사는 이누이트인의 건강 상태를 비교하고, 육류를 주로 섭취하는 덴마크 인과 어류를 주로 섭취하는 그린란드 주민의 질병 패턴, 심혈관 질환 발생 비율, 환자와 정상인의 혈액 소견 등을 비교 연구한 결과, 어류 섭취가 건강에 긍정적인 영향을 미치는 것으로 밝혀졌다.

생선 기름에서 발견된 다중불포화지방산은 오메가3 지방산인 DHA와 EPA였다. DHA와 EPA는 체내에서 생성되지 않기 때문에 필수지방산이라고 하여 반드시 밖에서 섭취해야 한다. 생선을 반드시 먹어야 하는 이유가 바로 여기에 있다. 이들은 고혈압, 심근경색, 암, 당뇨, 관절염, 뇌신경 기능에도 중요한 역할을 할 뿐 아니라 우울증, 주의집중 등의 정서적인 기능에도 영향을 끼친다고 보고되고 있다.

발효 식품과 데친 채소로 이루어진 한국의 장수 식단

해외의 장수 식단과 함께 우리나라 전통 식단의 건강 효과에 대한 연구 결과도 국제사회에서 인정받고 있다. 한국인의 장수 식단은 밥, 김치, 국, 나물, 생선이나 고기 등으로 차리는 전통 한식이다. 한식의 기본은 된장, 간장, 청국장, 김치 등의 발효 식품인데, 이러한 식품들이 장수에 중요한 영향을 미치는 것으로 나타났다. 특히 한국의 100세인은 육류 섭취가 적은 편이어서 육류에만 있는 비타민 B12가 부족할 것으로 예상되었는데, 막상 조사해 보니 100세인의 혈중 비타민 B12 농도는 정상이었다.

비타민 B12는 조혈 기능뿐 아니라 뇌신경 기능의 퇴화를 방지하는 데에도 중요한 역할을 하기 때문에 노인 건강에 필수적인 영양소다. 연구 결과, 발효 식품들의 원재료 상태에서는 전혀 발견되지 않던 비타민 B12가 발효 과정에서 생성된다는 사실이 밝혀졌다.

한국 100세인의 식단이 세계 장수 지역의 식단과 다른 점은 그들은 과일과 채소 가운데 과일 위주이지만 우리는 채소 위주라는 것이다. 또한 그들은 신선한 생채소를 즐겨 먹지만 우리는 채소를 데치거나 삶아서 먹는다.

채소를 생으로 먹었을 때와 데쳐서 먹을 경우를 비교해 본 결과, 채소를 익혀 먹을 경우 건강에 더 도움이 된다는 사실이 밝혀졌다. 예를 들면, 질소비료를 사용해 재배한 채소에는 질산염이 다량 함유돼 있다. 이 질산염은 체내에서 헬리코박터균의 작용으로 아질산염이 된다. 아질산염이 체내에서 2급 아민(육류·어패류 등 단백질 식품에 많다)과 결합하면 발암물질인 니트로소아민이 생긴다. 그런데 채소를 1분간 데칠 경우 질산염의 절반이 사라지고 열에 약한 비타민 C는 20퍼센트 가량 파괴된다. 단, 채소를 3분간 데칠 경우 비타민 C의 50퍼센트가 사라진다. 따라서 채소를 1분 가량 데쳐 숨만 죽인다면, 비타민 C의 파괴는 최소화하면서 질산염은 50퍼센트나 없앨 수 있다. 게다가 채소를 데치면 부피가 줄어 생채소보다 3배 이상 더 먹을 수 있다.

우리의 전통 식단은 지역별로 엇비슷하기 때문에 장수 식단에 대한 비교 분석이 쉽지 않았다. 그러나 장수 마을과 비장수 마을의 식생활 패턴에서 유의미하게 차이가 나는 식품이 있었는데, 바로 들깻잎이었다. 장수 마을의 들깻잎 소비량이 비장수 마을에 비해 훨씬 더 높게 나타났다. 매우 흥미로운 결과이기에 들깻잎의 효용에 대해 분석하기 시작하였고, 들깨가 오메가3 지방산의 중요한 공급원이라는 점이 밝혀졌다. 육류는 물론 어류의 소비도 충분하지 못하였던 우리 전통사회에서 필수지방산을 공급하는 데 있어 들깨가 큰 역할을 해 왔다.

100세인의 공통 식습관은 규칙적인 식사와 적절한 식사량이다

100세 이상의 초고령 노인들에게 공통적으로 나타나는 식습관은 과식하지 않는 적정량의 식사다. 음식물을 과잉 섭취하게 되면 소화를 하면서 활성산소를 발생시켜 세포 노화와 암세포 발생을 조장한다. 40세 이상 중장년층의 주요 사망 원인인 암도 40퍼센트는 잘못된 식습관 때문에 생기는 것으로 알려져 있는데, 잘못된 식습관 중 가장 나쁜 것은 폭식과 과식이다. 음식을 많이 먹게 되면 장내에서 세균에 의한 부패 물질이 그만큼 많이 만들어지고, 각종 질병에 노출될 위험이 커진다. 특히 고지방 고단백질 음식을 좋아하면 더 많은 부패 물질이 만들어진다.

식사량을 줄이는 것이 노화를 막고, 수명을 늘린다는 연구 보고도 있다. 미국 브리검영대학교의 프라이스 교수 연구팀은 두 그룹의 쥐 실험으로 연구를 진행했다. 한 그룹은 무제한으로 먹이에 접근하도록 허용했고, 다른 그룹은 칼로리를 35퍼센트 줄여 공급했다. 생존에 필요한 영양분은 두 그룹 모두 충족시켰다. 그 결과 칼로리의 섭취를 줄인 그룹에서 수명이 늘고, 노화의 비율을 낮추는 생화학적 변화가 일어난다는 결과를 도출했다.

장수 식단에서는 영양 성분도 중요하지만, 사람들과 화목하게 어울려서 먹는 것이 가장 중요하다. 지중해 식단은 유네스코 세계무형문화유산으로 등재되어 있다. 지중해 지역에는 "식탁에 앉는 이유는 먹으려는 것이 아니라 어울리려는 것이다"라는 속담이 있을 정도로 식사는 함께 모여 대화하기 위한 자리라고 생각하는 문화가 있다.

우리나라의 장수 속도는 가히 세계적인 수준이다. 동시에 영양에 대한 관심은 오히려 지나칠 정도다. 장수 음식을 챙겨 먹는 것보다 규칙적으로 일정량을 먹는 것이 장수의 첫째 비결이다. 그리고 가족이나 이웃과 어울려 식사하는 것이 중요하다. 노화는 오랜 기간에 걸쳐 진행되는 것이므로 식습관을 바꾼다고 해서 하루아침에 노화가 촉진되거나 방지되지는 않는다. 몇 년 또는 몇십 년에 걸쳐 쌓이는 효과는 무시할 수 없다. 음식에 관한 다음의 유명한 속담은 장수와 관련하여 생각해 볼 말이다.

"당신이 먹는 것이 바로 당신이다(You are what you eat)."

운동과 숙면은 보약 중 보약

'움직임'은 생명체의 가장 본질적인 요건

전 세계를 돌아다니며 내가 만난 100세인들은 한결같이 몸을 부지런히 움직이고 있었다. 나이와 상관없이 자신이 살아왔던 삶을 고집하며 멈추지 않고 계속해서 움직이며 살아가는 그들의 모습은 생명의 거룩함마저 느끼게 했다.

의학의 아버지 히포크라테스도 "걷기는 인간에게 가장 좋은 약이다"라는 말을 남겼다. 이는 현대 의학에서도 여실히 입증된다. 걷기는 대표적인 유산소 운동으로, 우리 몸의 100개 넘는 근육을 움직여 긴장을 풀어 주고 근육을 골고루 발달시켜 준다. 운동은 심장병, 골다공증, 폐질환, 당뇨병 등의 발생 위험을 낮추고 혈중 콜레스테롤 수치를 낮추며, 노화를 억제한다.

사람의 근육은 오랫동안 사용하지 않으면 바로 퇴화한다. 움직이지 않으면 생체가 곧 퇴화의 과정으로 들어가는 것이다. 예를 들어 근육은 2주간만 사용하지 않으면 30퍼센트 이상 근육량이 감소

된다. 깁스를 한 골절 환자나 병상에 오래 누워 있는 환자들의 팔다리가 가늘어지는 것이 그 때문이다. '움직임'은 생명체의 가장 본질적인 요건이라 할 수 있다.

운동이 수명에 미치는 영향을 조사하기 위하여 쥐를 이용해 실험해 본 결과, 지속적인 운동은 노화된 쥐의 여러 신체 계측치를 정상화시키는 데 기여하고 있음이 밝혀졌다. 운동을 시킨 쥐는 그렇지 않은 쥐들에 비하여 평균 수명이 연장되는 효과를 보였다.

사람을 대상으로 한 실험에서도 체력 증진이 사망률 감소에 중요한 역할을 한다고 보고되었다. 노화종적관찰연구에서 적절한 운동을 한 체력향상군의 사망률이 유의미하게 낮았으며, 하버드대학교 졸업생 1만 200여 명을 대상으로 20년간 이루어진 연구에서 일주일에 9마일, 즉 약 14.5킬로미터를 걸은 사람은 주로 앉아서 생활한 사람보다 사망률이 22퍼센트나 감소한 것으로 나타났다.

그러나 지나친 운동은 오히려 사망률을 높이며, 운동선수와 일반인 사이의 사망률에 차이가 없음이 밝혀짐에 따라 건강과 장수를 위하여 필요한 것은 운동선수와 같은 체력을 유지하는 것이 아니라, 적절한 운동량에 의한 규칙적인 운동임이 강조되고 있다. 특히 지나친 운동은 세포의 모든 부위에서 여러 가지 구성 성분의 구조적 변경은 물론, 결과적으로는 기능적 손상을 초래하여 노화를 오히려 촉진하는 것으로 나타났다.

규칙적 운동은 수많은 관상동맥질환의 위험인자를 크게 조절한다. 심맥계 질환과 혈중 고밀도지단백질(HDL)과의 역상관 관계는 전부터 지적되어 왔으며, 규칙적 운동이 좋은 콜레스테롤이라는 혈중 HDL을 증가시킨다는 사실도 밝혀졌다. 운동을 지속적으로 하면 리포프로테인리파아제의 활성이 증가되어 지방 제거 효과가 올라가면서 혈중 HDL 반감기가 감소되기 때문이다.

또한 운동은 인슐린 분비를 감소시키고 간 조직 내에서 중성지방의 생합성을 저하시켜 혈중 중성지방을 낮게 유지하는 데 기여한다. 복부비만 증상이 있는 노인층에게서는 혈중 인슐린 수치가 높은 고인슐린혈증이 흔하게 나타난다. 고인슐린혈증은 고지혈증과 더불어 심맥계 질환의 중요 위험 인자다. 따라서 규칙적 운동은 고지혈증뿐 아니라 혈중 인슐린 농도의 상승을 예방하는 데 기여한다.

운동은 장기적으로는 칼로리 소모율을 높임으로써 복부 비만의 예방이나 감소를 가져오며, 단기적으로는 인슐린 분비를 저하시키고 근육 조직에서의 인슐린 작용에 대한 감수성을 높여 근육 조직 내에서의 당 이용률을 높인다. 따라서 운동은 노화가 진행되면서 초래될 수 있는 당뇨병의 예방 및 치료에도 유효하다.

골다공증의 원인으로는 에스트로겐, 성장 호르몬의 결핍, 칼슘과 비타민 D 부족 등과 같은 요인이 있으나 노화가 이루어질수록 골격근의 운동량이 부족해지면서 사용하지 않는 근육이 위축되는 불용성 위축도 중요한 인자로 주목받고 있다. 근육은 사용하면 할수록 근육량이 유지·강화된다. 이러한 근육의 특성은 노인의 경우에도 마찬가지므로 나이가 들었다는 이유로 근육 사용을 줄이면 근육량이 감소하고 근위축은 가속화된다. 운동은 골조직의 성장이나 골량의 유지에 매우 중요하다.

미국 국립노화연구소에서 추천하는 노화 방지 운동 네 가지는 다음과 같다.

1) 유산소 운동

달리기와 같은 운동이 불가능한 노인은 지팡이를 짚더라도 하루 30분 정도 숨이 가쁠 정도로 쉬지 않고 걸으면서 몸을 움직인다.

2) 근육 운동

나이가 들면 근육의 20~40퍼센트가 없어지는데 그 이유는 단순히 노화 때문이 아니라 근육을 쓰지 않았기 때문이다. 근육을 강화시켜 주는 웨이트 트레이닝을 꾸준히 하면 도움이 된다.

3) 균형 훈련

눈을 감고 한 발로 서 있는 동작이나, 자리에서 일어날 때 손을 짚지 않고 일어서는 동작 등을 반복하면 균형 감각을 기를 수 있고, 낙상 방지에도 도움이 된다.

4) 스트레칭

관절이 굳어지는 것을 방지하고 동작의 유연성을 증가시키는 효과가 있다.

장수인의 공통점은 충분한 숙면

100세인들의 또 다른 특징은 대부분 숙면을 취한다는 사실이다. 세계적인 장수 지역인 오키나와의 장수인 조사에서도 장수인의 공통점으로 숙면이 지적되기도 했다. 수면 시간도 거의 8시간이 넘을 정도로 충분하게 수면을 취한다. 이와 같은 장수인들의 숙면 습관은 결과적으로 장수인들의 건강을 나이에 상관없이 유지하게 하는 중요한 조건이 되고 있다.

미국 국립보건원(NIH), 국립과학재단(NSF), 국립노화연구소(NIA) 등의 수면 전문가들은 "노인의 수면 문제는 단지 나이가 들어서가 아니라 잘못된 수면 습관과 특정한 수면 장애를 방치하거나 질병이나 음주, 특정 약물 등의 문제가 쌓여서 생기며, 잠을 잘 자지 못하면 더 일찍 늙고 각종 질병에 취약해지므로 중년부터 잠에 대해 신경 써야 한다"고 제안한다.

수면은 온몸의 근육을 이완시키고 혈액순환을 원활하게 하여 신체의 피로가 풀리는 것은 물론 신경 활동의 피로도 풀어 정신적으로도 안정되게 해 주며 대사적으로도 생체의 균형을 가져온다. 무엇보다 중요한 사실은 수면 중에 생체 내에 필요한 호르몬의 분비 기능이 달라진다는 것이다. 예를 들면 수면 중에 분비되는 멜라토닌이라는 호르몬은 생체의 여러 호르몬의 균형뿐 아니라 항산화 기능, 면역 증진 기능, 생체리듬 조절 기능까지 발현하는 것으로 밝혀져 수면의 중요성이 새로운 측면에서 부각되고 있다. 이렇듯 사람의 수면 습관은 단순한 물리적 시간에 의한 관습이 아니라 실제로 생체의 리듬과도 긴밀한 관계를 맺고 있기 때문에 좋은 수면 습관이란 일정한 생활 패턴에서 비롯된 규칙적인 삶의 태도가 사실상 제일 중요한 요인임은 분명하다.

그러나 나이가 들어가면서 평생 살아왔던 패턴이 바뀌고 일의 종류, 일에 종사하는 시간, 일의 양과 질, 신체의 적응도, 심리적 대응력들이 모두 변화하면서 기본적인 삶의 리듬이 달라지기 때문에, 노인의 경우 생활리듬의 산물인 수면이 크게 달라질 수밖에 없다. 따라서 이러한 문제점을 극복하고 일상생활을 정상화하는 것이 노인의 수면을 정상화할 수 있는 첩경이다.

미국 국립노화연구소에서 건강한 숙면을 위하여 소개하는 지침은 다음과 같다.

1) 규칙적인 수면 시간을 정하고 따른다

항상 같은 시간에 잠자리에 들고 같은 시간에 일어난다. 주말은 물론 여행을 가도 같은 시간에 잠자리에 들고 일어난다.

2) 매일 규칙적으로 운동한다

바깥에서 햇볕을 쬐며 운동하는 것은 뼈를 튼튼히 하고 우울증을 막아 줄 뿐 아니라 밤에 숙면을 취할 수 있도록 돕기 때문에 불면증을 막아 준다. 하지만 잠자기 3시간 전에는 격렬한 운동을 하지 않도록 주의한다.

3) 잠자기 전 과식하지 않는다

과식이나 야식은 잠을 방해할 수 있다. 저녁에는 카페인 음료를 피하고 자기 직전에는 물을 한 컵 이상 마시지 않는다. 배가 고프면 우유 반 컵 정도를 마신다. 오후 시간의 카페인 섭취를 피해도 불면증 증상이 계속된다면 하루에 섭취하는 카페인의 총량을 조절해 본다.

4) 잠자기 전 음주와 흡연을 피한다

음주와 흡연은 숙면을 방해한다. 자기 전에 술을 마시면 숙면에 도움이 된다고 알고 있는 사람이 있지만 절대 그렇지 않다. 취해서 잠을 잘 잔 것처럼 느낄 뿐, 실제로 숙면을 취하지 못해 다음 날 피곤해진다.

역학조사에 따르면 흡연자는 비흡연자에 비해 수면 시작과 유지에 어려움을 겪고 수면의 질도 낮은 것으로 나타났다. 일반적으로 혈액의 적혈구 속에 있는 헤모글로빈은 산소와 잘 결합하는 것으로 알려져 있다. 그런데 흡연자가 흡입하는 일산화탄소는 헤모글로빈과의 친화력이 산소보다 200배 높아서 산소를 밀어낸다. 결국 흡연을 계속하면 저산소증이 나타나는데, 이것이 수면을 방해할 가능성이 있다.

5) 침실의 분위기를 편하게 하자

침실의 온도를 일정하게 유지하고, 소음 방지, 실내 환기, 빛 차단 등 수면 환경을 제대로 갖춘다. 인체는 어두워야 숙면을 취할 수 있는데, 잠을 자는 동안 빛에 노출이 되면 수면을 유도하는 멜라토닌

형성이 억제되면서 당뇨 발병률을 높이고 우울증에 걸릴 위험도 증가한다.

또한 밝은 곳에서 취침하는 것은 눈에 악영향을 준다. 눈은 아주 약한 빛이라도 초점을 맞추기 위해 움직이는 특성이 있어 잘 때 빛에 노출이 되면 수정체 조절 근육이 과하게 운동하면서 기능이 저하되고 시력이 떨어질 수 있다.

6) 취침을 위한 일정한 습관을 갖는다

매일 잠자리에 들기 전에 책을 읽거나, 편안한 음악을 듣거나, 욕조에서 목욕하기와 같은 정해진 일과를 만들어 지키면 숙면에 도움이 될 수 있다.

7) 침실에서는 잠만 잔다

침실에서는 TV, 컴퓨터, 핸드폰, 태블릿 PC 등을 사용하지 않는다. TV, 컴퓨터, 핸드폰 등에서 나오는 빛은 숙면을 방해하며, 시각적인 영상은 계속 깨어 있게 만든다.

8) 잠에 대하여 걱정하지 말자

잠을 못 이룬다는 걱정이 숙면을 방해한다.

PART 3

초고령인에게
남아 있는
'관계'의 모습

CHAPTER 1

합해서 200세 넘은 부부들

<u>100세 넘도록 장수한다는 것은</u> 보통 일이 아니다. 100세 시대라는 지금도 100세인이 되는 것은 세계적으로 10만 명 중 1명 정도의 가능성을 가지고 있을 뿐이다. 이것은 자연 생물계에서 언급하는 돌연변이율에 해당하는 확률이다. 다만 장수 선진국에서는 이제 인구 1만 명당 1명꼴로 늘어나고 있다.

그러나 본인뿐 아니라 부부가 결혼해서 함께 100세를 누릴 수 있을 확률은 장수인이 많은 미국에서도 600만 쌍 중에 1쌍 정도다. 결혼식 주례사에 으레 포함되는 "검은 머리 파뿌리 되도록 100년을 해로하라"는 축사는 희망사항일 뿐이지 현실성은 거의 없는 인사치레다.

실제로 개인이 백 살 넘도록 사는 것도 중요하지만 부부가 함께 백 살을 사는 것은 장수의 복 중에서도 최고의 복이며, 초고령 장수 사회에서도 흔치 않은 예일 것이다.

결혼 80주년 맞은 제주도의 노부부

100세까지 해로한 부부를 찾는 중에 제주도에서 102세 되신 이춘관 할아버지와 98세 되신 송을생 할머니 부부를 찾았다고 연락이 왔다. 비록 할머니가 아직 100세에 이르지 못하였지만, 두 분 나이를 평균하면 100세니까 일단 100세 부부로 인정하자고 하였다. 그 당시 우리나라의 100세 부부를 한 팀도 찾지 못하고 있던 차였기에 서둘러 내려갔다.

할아버지는 102세라는 나이가 믿기지 않을 만큼 건강하였고, 해녀 출신인 할머니도 건강하였다. 해녀 조직은 하군, 중군, 상군으로 나뉘어 통솔받는데 제일 높은 상군은 대장 격이다. 할머니는 자신이 해녀 중에서도 상군이었다며 자부하였다.

우리나라에 100세 부부가 있다는 사실이 자랑스러웠다. 방문 당시 부부는 결혼 79주년을 지냈고, 다음 해 1월에 결혼 80주년을 맞는다고 했다. 은혼식, 금혼식, 회혼례 등에 덧붙여 결혼 70주년, 80주년을 가리키는 용어가 만들어져 있는지 모르겠지만 부부 승리의 참모습이었다. 두 분을 모시고 살기 위해 서울에서 살던 80세가 다 된 아들이 혼자 내려와 부양하고 있었다.

할머니에게 질문했다. "할머니, 할아버지 사랑하세요?" 할머니는 "저 영감 늙어서 싫어!" 하면서도 할아버지 손을 꼭 잡았다. 할아버지에게도 똑같이 질문했다. "할아버지, 할머니 사랑하세요?" 할아버지는 "허, 저…" 하면서 웃음만 지었다. 그 긴 세월 동안 어찌 힘들고 어려운 고비들이 없었으랴마는 80년을 함께 살아온 부부는 눈빛, 목소리, 어느 것 하나 몸에 배어나듯 자연스럽지 않은 것이 없었다. 다음 해 제주도에서는 이 부부의 결혼 80주년 행사를 베풀어 주었다는 소식을 들었다.

합해서 209세, 우리나라 최장수 부부

부부가 함께 백 살이 넘은 경우는 찾지 못하여 아쉽던 차에, 2013년 연말에 우연한 기회로 한 부부가 모두 백 살이 넘었는데 두 분 모두 건강하다는 정보를 얻었다. 수소문 끝에 그분들의 아들과 연락이 되어 두 분을 만나러 갔다. 지리산 줄기인 경상남도 함양군 함양읍 죽림리 삼봉산 중턱에 자리잡은 100세 부부의 집을 방문하였다. 고급스러우면서도 단아한 집이었고 전망이 탁 트여 있었다.

권병호 할아버지는 1908년생으로 106세였고, 김은아 할머니는 1905년생으로 103세였다. 두 분 나이를 합치면 209세였다. 그때까지 우리가 100세인 조사 과정에서 만난 어르신 중에서 최장수 남성이었고 최장수 부부였다. 이 정도면 기네스북에 신청할 만한 사례였다. 그러나 가족들이 부부의 이야기가 세상에 알려지는 것을 강하게 거부하여 공개할 수 없었던 점이 매우 아쉬웠다. 두 분 모두 인지능력이 온전하였고 건강도 양호한 상태였다.

인터뷰를 하는 내내 할아버지는 할머니의 손을 꼭 잡고 있었다.

할아버지는 일제 강점기에 일본에서 대학 교육을 마쳤는데, 할머니를 알게 된 후 가족의 반대를 무릅쓰고 그 당시 유치원 교사로 일하던 할머니를 강원도 산골까지 찾아와 3년 동안 쫓아다녔다고 한다. 오랜 구애 끝에 결혼에 성공한 순애보의 사연을 가진 특별한 부부였다. 이후 80년 동안 부부로 함께 살면서 서로를 이해하며 살아왔음을 당당하게 전하였다. 조사단과 대화를 나누는 도중에도 할머니는 눈짓으로 할아버지의 말씀을 챙기고 관리하였다.

해방 이후 할아버지는 국내 정국에도 깊이 관여하고 정부의 고위 보직도 맡았지만 정년퇴직하자마자 고향인 함양군에 땅을 사서 그곳에 집을 짓고 농사를 지으며 살았다. 매일 새벽마다 건포마찰을 하고 맨발로 산행하기를 즐겼다. 할머니를 위해서 산길에 있는 조각돌까지 말끔히 치워 두었고 언제나 할머니와 동행하였다.

권병호 할아버지는 아내에 대한 사랑을 숨기지 않았다. "나에게는 아내가 있다. 내 아내는 물이고 나는 물고기다. 물은 물고기가 없어도 살 수 있지만 물고기는 물이 없이는 살 수 없다."

또한 할아버지는 인터뷰 도중 젊은 시절부터 외우고 있다는 영시를 낭송하였다. "Life is what you make it……"으로 시작하는 시를 한참 읊으면서 사람마다 자기 삶을 책임지며 살아야 함을 강조하는 당당한 모습에 감동하지 않을 수 없었다. 첫사랑을 만나 결혼하고 2남 3녀를 낳아 모두 사회적으로 성공시키고, 사회생활에도 최선을 다한 후, 80년을 한결같이 사랑을 나누며 살아온 노부부의 모습은 우리나라 장수 사회의 등대이며 세상에 보내는 거룩한 메시지였다.

장수 비결은 사랑이라는 사르데냐의 노부부

전 세계 장수 조사에서 남녀 장수도가 같은 지역으로 주목받는 이탈리아의 사르데냐는 역사·문화적으로도 독특한 위상을 차지하고 있다. 사르데냐는 페니키아, 이탈리아, 프랑스, 스페인, 바이킹 등이 돌아가면서 지배한 지역이기에 인종이 다양하다. 고대의 석조 건축물인 누라게(Nuraghe) 문화의 자취가 여기저기 남아 있어 독특한 인상을 주었다.

흥미롭게도 이 지역의 전통 인사말은 "아켄타노스(A Kent'Anos! 백 살까지)"다. 사르데냐에서도 장수도가 특히 높은 지역이 오롤리 마을인데, 이 마을은 유럽 최장수 남성으로 112세까지 살아 '유럽의 할아버지(Grandfather of Europe)'로 불리던 주세페(Giuseppe) 옹이 살았던 곳이다.

오롤리 마을을 찾아가 100세인 부부를 만났다. 남편 피라스는 101세였고, 부인 실비아는 100세였다. 결혼하여 76년째 함께 살며 자식은 5남매를 두었으나 자녀 셋은 먼저 세상을 떠났고 손자와 증손자는 너무 많아서 정확한 수를 몰랐다. 피라스 부부의 집은 3층이었는데, 부부 모두 매일 층계를 자유롭게 오르내릴 만큼 건강하였다. 피라스는 평생 양치기였고, 실비아는 가정주부로 살아온 평범하고 전형적인 지중해 시골의 농부 가족이었다. 식생활은 평범한 사르데냐의 식단으로 감자, 돼지고기, 양고기 구이 등을 먹었으며, 식사 때는 반주로 토속주인 미르토(Mirto)를 한 잔씩 하였다.

이 부부는 놀랍게도 치아를 거의 온전하게 유지하고 있었다. 치아에 대해서 묻자 피라스는 "돈이 문제지 치아는 문제가 아니야" 하면서 농담마저 하였다. 두 사람 다 인지 능력과 청력이 온전하였으며, 평생 병원 신세를 져 본 적이 없다고 했다. 살아온 과정 중에서 가장 힘든 것이 무엇이었느냐는 질문에 피라스는 "날마다 늙어 가는 것이 힘들어"라며 여유있게 답하였다.

피라스에게 장수 비결이 무엇이냐고 묻자 엉뚱한 대답이 나왔다. "거짓말을 해 본 적이 없어." 한편 부인 실비아는 "우리는 사랑하고 살았어. 싸워 본 적이 없어"라고 답했다. 정직하게 살았다는 남편의 고백과 사랑하고 살았다는 부인의 고백은 가슴을 울렸다. 장수 비결이 사랑이라는 말은 수많은 100세인을 만난 나도 처음 들어본 신선한 자극이었다.

지금까지 살아온 인생살이에서 가장 중요한 것이 무엇이었느냐고 할머니에게 물었다. 백 살의 할머니는 잔잔한 미소를 지으면서 "가정의 평화라네"라고 답하였다. 백년해로의 비밀이 사랑이고 가정의 평화라는 진리를 동방예의지국이라는 우리나라가 아닌 머나먼 지중해 한가운데 섬 사르데냐에서 배웠다.

백 살 넘도록 함께 살아온 부부들은 두 사람의 나이를 합하면 이백 살이 넘고, 함께 살아온 기간은 80년이 넘었다. 이 특별한 부부들의 공통점은 서로 간의 절대 사랑과 신뢰였다. 혈연으로 이루어진 부모자식 간이 아닌 남남으로 맺어진 이성 간에도 절대적인 사랑이

분명 존재한다는 것을 이들 부부가 보여 준다. 격변하는 사회 구조, 특히 부부와 부모, 자식 간의 가족 구조가 변화하는 작금의 추세에 진지한 메시지를 준다.

100세인의 남녀 비율은 여성이 일방적으로 높다. 부부가 함께 장수한다면 고령 사회의 많은 문제점이 해결될 수 있을 텐데 그렇지 못한 것이다. 남녀 양성이 모두 평등하게 장수를 누리고 부부가 함께 장수하여 생의 마지막 순간을 맞을 수 있는 방안은 무엇일까?

나이가 들면 아무리 의욕이 있어도 일할 수 있는 기회가 쉽게 주어지지 않는다. 그런데 특히 남성의 경우 무엇인가 능동적인 일을 하는 것이 장수와도 직결되어 있음은 분명해 보였다. 남성의 장수를 위해서는 나이가 들어도 계속 일할 수 있는 기회를 만드는 것이 중요하다. 노인들의 일거리를 마련하기 위해서는 가족의 협조와 사회 전반의 새로운 방향 전환이 절대 필요하다.

CHAPTER 2

일편단심 사랑은
100세까지 진행형

세상에는 여러 가지 제한이 많다. 사회에 따라 인종, 성별, 지역 차별 등등이 있지만 고령 사회에서 문제가 되는 것은 연령 차별이다. 연령에 따른 제한으로 직장을 나와야 하고 특정한 일에서 배제되는 경우가 비일비재하기 때문이다.

이러한 제한이 단순히 사회적 관계에만 영향을 미치는 것이 아니라 인간적인 측면에도 영향을 주는 사례를 많이 본다. 우리 전통 사회에서는 삼강오륜을 내세우며 사람과 사람의 관계에 질적·양적 통제를 해 왔다.

사랑에도 연령의 한계가 있을까? 연령에 따른 부부 관계의 밀도에 차이가 있을까? 근래 우리나라에서도 이혼율이 급증하고 특히 황혼이혼이 증가하는 추세를 보면서 사랑에도 연령 제한이 있을까 하는 의문을 가지고 100세인 조사에 임하였다.

말다툼 한 번 한 적 없다는 100세 부부

강원도 화천군 간동면에 사는 100세인을 찾아갔다. 소양강 호반을 따라 한참 첩첩산골로 들어가니 할아버지가 밭에서 낫질을 하고 있었다. 집 안으로 모시고 들어서자, 90세가 넘은 할머니가 화급하게 옷매무새를 가다듬고 맞아 주었다.

댁에는 두 내외만 살고 있었다. 두 분만 사는 것이 힘들지 않으냐고 묻자 할아버지는 "자식들이 오라고 해도, 내 텃밭이 있어서 여기서 살아. 하나 죽으면 몰라도 둘이 있으니까 이렇게 사는 게 편해"라고 하였다. 할아버지는 100세라는 나이를 상상할 수 없을 정도로 건강하여 그 비결을 물었더니, 2~3년 전까지만 해도 매일 노 젓기 운동으로 몸을 단련하였다고 하였다. 왜 그렇게 열심히 운동을 하였냐고 물었다. 할아버지는 소학교 때부터 약골이어서 체육은 항상 병(丙)밖에 받지 못했다고 했다. 그래서 젊었을 때부터 운동을 쭉 열심히 하였는데, 이렇게 오래 살게 될지 몰랐다는 것이다.

부부 관계에 대해 묻자, "살아오는 동안에 서로 말다툼 한 번 한 적 없어" 하고 할머니가 답하였다. 할머니는 두런두런 말씀을 참 잘하였다. 그런데 할아버지에 대해 묻기만 하면 "호호호" 하고 입을 가리며 수줍은 듯 웃기만 했다. "할아버지, 할머니 사랑하세요?" 할아버지의 답은 거의 즉각적이었다. "그래, 나 이 할멈 사랑해." 마찬가지 질문을 할머니에게도 했다. 그러나 할머니는 또 "호호호" 하고 입을 가리고 웃기만 하였다. 질문을 다시 채근하자 할아버지가 가로막고 나섰다. "이 할멈 부끄러워서 말 못 해. 이 할멈 나 사랑해." 너무도 당당하고 자랑스러운 표현이었다.

100세 할아버지의 지치지 않는 애정 표현

전라북도 순창군 구림면은 첩첩산중이었다. 노령산맥 줄기에도 이러한 산골이 있었는가 싶을 정도로 고개를 넘고 돌아서 찾아갔다. 웬만한 시골에 장수 여성은 비교적 흔하여도 장수 남성은 매우 드물기 때문에 우리가 장수 부부를 조사할 때 여자는 100세 이상이어도 남자는 95세 정도로 낮추어 찾아다닐 수밖에 없었다. 찾아가 만난 100세 허갑돌(가명) 할아버지는 80세인 할머니와 살고 있었고, 칠남매를 두었다. 할아버지의 부모님 역시 옛날로 치면 장수하여서 아버지는 74세, 어머니는 90세까지 살았다고 했다.

할아버지는 성격이 괄괄하고, 옛날에는 일대에서 힘으로 당할 자가 없을 만큼 기운도 장사였다. 두 분은 늦게 만나 결혼하였지만 금실이 좋기로는 동네에서 유난할 정도로 유명했다. 할머니에게 할아버지에 대한 질문을 했다. "요즈음도 같이 주무시나요?" 같은 방에서 당연히 같이 잔다는 것을 가정하고 던지는 질문에 답이 의외였다. "아냐, 영감하고 안 자고 손주하고 딴 방에서 자." 남편을 두고 굳이 다른 방에서 주무신다 하여 되물었다. "할아버지 연세도 과하신데 같이 주무시면서 보살펴 드려야 하지 않아요?" 질문을 던지자 할머니는 얼굴을 붉히면서 말을 이었다. "영감이 지금도 건드려. 그래서 손주 방에서 자." 말씀하는 할머니의 수줍어하는 표정도 표정이었지만, 듣는 우리도 깜짝 놀라지 않을 수 없었다. "아니, 정말로요?" 할머니의 답은 정말 천의무봉의 표현이었다. "요새 허지는 못해. 그래도 자꾸만 더듬어!" 이 말을 듣고 모두 입을 벌리지 않을 수 없었다.

할머니가 덧붙이는 말은 더욱 놀라왔다. "요즈음도 잠깐이라도 안 보이면 난리가 나." 할머니는 여전히 부끄러운 듯 손으로 입을 가리며 미소를 짓고 있었다. 사랑을 주고받는 아름다움은 여든이 넘은 할머니를 수줍게만 하고 있었다. 더불어 건강하고, 더불어 사랑하는 부부의 모습보다 더 아름다운 것이 있을까 하는 생각이 들었다.

염꾼 할아버지와 소리꾼 할머니의 사랑

전라남도 곡성군 옥과읍에서 만난 92세 김이화 할아버지와 86세 지규민 할머니는 유별난 부부였다. 할아버지는 젊어서부터 해 보지 않은 일이 없을 정도로 험한 일을 마다하지 않았다. 90세 가까이까지 시체를 염하고 이장하는 염꾼으로서의 생활도 구김 없이 해낸 분이었다. 마을 사람들의 칼, 낫 등을 갈아 주기 위해 마당 한가운데 숫돌을 두고 있었다. 잠시도 쉬지 않고 일하였고, 장작을 패서 단정하게 앞뒤 광에 쌓아 두었다. "돈을 많이 벌겠다는 생각 안 해. 되는대로 벌어. 그리고 주는 돈 따지지 않아. 추우면 추운 대로, 더우면 더

운 대로 사는 거야. 화내기도 귀찮아."

험한 생활을 하면서 체념하고 살아온 할아버지에게는 할머니가 최고였다. "할멈은 나밖에 몰라. 인삼, 보약 사다 줘. 옷도 빨아 주고 약도 발라 줘." 삶을 아내에게 의지하고 살아온 할아버지는 마냥 행복해 보였다. 큰아들이 목사가 되어 훌륭한 목회 생활을 하고 있다고 자랑하면서도, 먼저 세상을 떠난 둘째 아들에 대한 그리움을 그대로 간직하고 있었다. "그놈이 내게 제일 잘했어……."

할머니는 할아버지보다 더 특별하였다. 춤과 노래를 잘하고 장구도 잘하여 옥과읍에서 모르는 사람이 없을 정도로 인기 연예인(?)이었다고 하였다. 한 곡조를 청하자마자 할머니는 장구를 가져다가 〈장타령〉 한 곡을 뽑더니 굿거리 한 판까지 벌일 정도의 열정을 보여 주었다.

얼씨구 들어간다 절씨구나 들어간다 작년에 왔던 각설이 죽지
않고 또 왔네
품바품바 각설아 허리고 허리고 잘한다 기름동이나 먹었냐 미끌
미끌 잘한다
새끼사리나 먹었냐 줄줄이 잘한다 뜨물통이나 먹었냐 걸직걸직
잘한다
두엄 짐이나 먹었냐 지저분하게 잘한다 뿜뿜뿜 잘한다
일자 한자 들고 봐 일월이 성성야 성성 밤 중 샛별이 완연타
이자 한자 들고 봐 진주기생 의암이 왜장 청정 목을 안고 진주 남
강 떨어졌다

삼자 한자 들고 봐 삼 월이라 삼진날 제비 한 쌍 날아든다

사자 한자 들고 봐 사신행차 바쁜 길 점심참에 중애로다

오자 한자 들고 봐 오관참장 관운장 적토마를 비껴 타고 화용도
로 달려든다

육자 한자 들고 봐 육관대사 성진이 팔신선 데리고 희롱한다

칠자 한자 들고 봐 칠월칠석 견우직녀 오작교서 만난다

팔자 한자 들고 봐 팔월이라 추석날 울긋불긋 좋을시고

구자 한자 들고 봐 구월이라 국화꽃 화중군자 일러있고

십자 한자 들고 봐 시끄럽다 각설아 한푼 받고 물러가라 뿜뿜뿜
잘한다

할아버지는 그런 아내를 한없이 자랑스러워만 하였다. 당신은 그
러한 것을 하나도 할 줄 모른다면서 할머니의 신명난 놀이를 미소
가득 머금은 채 바라보았다. "할아버지, 할머니 사랑하세요?" 우리가
묻는 어리석은 질문에 할아버지의 답은 너무도 청량하였다. "암, 사
랑한께 살았제. 말이라고 해!"

결혼 73년째 일편단심인 95세 할아버지

전라남도 곡성군 겸면 괴정리에서 만난 95세 윤순갑 할아버지와
87세 정순임 할머니 부부는 결혼 73년째다. 고관절 때문에 2년 전부

터 기동이 어려운 할머니에 대해 할아버지는 지극정성이었다. 무엇보다도 아내를 향한 칭찬이 끝이 없었다. "할멈이 영리해. 겉만 여자지, 속은 남정네야. 뭐든지 잘해." 그러면서 평생 싸움 한 번 해 본 적이 없다며 싸울 일이 없었다고 하였다. "참 얌전해." 아내 칭찬을 이렇게 노골적으로 하는 분이 많지 않았는데 이 할아버지는 유별났다.

구체적으로 조사하는 과정에서 특별한 사연을 듣게 되었다. 할아버지는 원래 할머니 집에 3년 머슴살이로 들어갔다가 두 분이 서로 눈이 맞아 결혼하게 되었다고 한다. 그때 장인 되실 분이 "상을 보니 굶어 죽을 일은 없겠네. 볼에 복이 붙었어" 하며 허락해 주어 평생을 부인을 위해 헌신하며 살아왔다고 하였다. 아내에 대한 일편단심 사랑은 현재도 진행 중이었다.

어려움 속에서 더 빛나는 노부부의 깊은 사랑

소록도라는 특별한 환경에서는 동병상련하는 사람들끼리 서로 의지하고 살아가게 마련이다. 이러한 상황에서 남녀 간에는 진정한 사랑이라는 개념보다는 오히려 생존이라는 절박한 목적을 이루려는 의지가 더 강할 수도 있기 때문에 일반 가정과 같은 분위기는 아닐 것으로 예견하였다. 사전 조사에서 상당수의 나환자들이 남자든 여자든 결혼을 여러 번씩 하였다고 밝혀져 부부 관계에 대한 특수성을 감안하고 이들을 만났다. 그러나 내가 가졌던 선입견이 몇 분의 어르신들을 만나면서 크게 잘못되었음을 깨달았다.

박용수(가명) 할아버지는 용띠로 89세가 되는 분이었다. 22세에 발병하여 지역에 숨어 살다가 44세에 소록도에 들어와 지금껏 45년째 살고 있었다. 의학적으로는 건강이 양호한 분이었다. 심리 조사에서도 전혀 우울한 증세가 없고, 열심히 일하고 교회 다니느라고 바쁘게 지냈다.

할아버지가 할머니와의 관계에서 보여 준 감동은 그 어떤 것보다도 소중하였다. 할아버지에게 일과를 묻다 깜짝 놀랐다. 새벽 2시 기상, 4시 아침 예배, 5시 아침식사, 10시 반 점심, 오후 4시 반 저녁식사, 6시 교회, 8시 취침이라는 일정은 다른 환자들과 큰 차이가 없었다. 이에 덧붙여 할아버지는 매일 두 번씩 병원에 간다고 하였다. 소록도에 들어와 만난 부인과 40여 년을 함께 살아왔는데 부인이 입원하게 된 것이다.

"병원에는 하루 한 번씩만 가도 될 텐데 왜 굳이 두 번씩이나 갑니까?"라고 묻자 할아버지는 뜻밖의 답을 들려주었다. "그 사람은 내가 병원에 가지 않으면 굶어 죽어. 내가 가서 직접 떠먹여 주는 것만 먹어." 부인도 이제 80세가 훨씬 넘었는데 병원에 찾아오는 수많은 자원봉사자, 간호보조원, 조무원의 손길을 거부한 채, 오로지 남편이 먹여 주는 음식만 입에 댄다고 하였다.

나병이라는 질병을 앓아 어쩔 수 없이 세상과의 모든 인연을 끊고 바다 건너 남쪽 외진 섬으로 들어와 만난 사람들은 서로를 믿고 의지하며 살고 있었다. 나이가 들면서 부부 관계가 소원해지고 서로에게 소홀해져 가는 일반 사회의 모습과는 사뭇 달랐다. 나이가 들어도 전혀 변하지 않고 그대로 지속되는 이들의 상호 의지와 신뢰는 오히려 어려움 속에서 빛나는 훨씬 깊은 사랑이었고 신뢰임을 깨닫게 하였다.

100세인 조사 과정에서 만나 본 여러 부부 중에서 서로 사랑한다는 말을 적극적이고 구체적으로 표현하는 부부의 자신감 있는 태도는 찬란한 꽃 같았다. 으레 나이가 들수록 사랑이 낯설어지고 고백이나 표현과는 멀어져만 간다.

그런데 90세가 넘은 나이에도, 100세가 넘은 나이에도 사랑하는 사람에게 솔직하게 사랑 표현을 하는 모습을 보면 사랑에는 연령 제한이 없음을 깨닫게 된다. 붉은 입술, 검은 머리, 해맑은 피부의 청춘만이 아니라 흐린 입술, 흰머리, 주름진 피부의 나이 든 사람도 사랑할 수 있다. 아무리 나이가 들어도 사람의 마음에서, 삶에서 행복의 가장 중요한 조건은 사랑이라는 사실을 초장수 부부의 사랑을 보면서 다시금 깨달았다.

CHAPTER 3
100세 부모 모시는
칠팔십 된 자식들

<u>장수인 조사를 하면서</u> 계속 마음에 남는 숙제는 우리 전통문화의 핵심인 효 개념의 현대화였다. 나이가 들어 심신이 불편해진 노인들이 좀 더 편안하고 행복하게 살다가 세상을 떠날 수 있도록 돌보는 일이 점점 더 중요해지고 있기 때문이다.

과거에는 이런 일들이 당연히 가족의 몫이었지만 점차 세상이 바뀌고 있다. 우선 부모와 자녀가 함께 사는 경우가 드물고, 더군다나 자식이 없는 가정도 많아지면서 사회의 역할이 강조되기 시작했다. 그에 따르는 사회의 경제적 부담 또한 확대되어 가고 있는 현실이다. 이러한 상황 속에서 100세인 조사를 하면서 만나게 된 효도 사례에 더 특별한 관심이 가게 되었다.

20년째 한방에 어머니 모시고 자는 일흔 넘은 아들 내외

전라북도 순창군 구림면 자양마을에 사는 100세인 유귀례 할머니를 찾아갔다. 할머니의 부모와 형제들이 모두 90세가 넘도록 장수한, 보기 드문 장수 집안이었다. 할머니는 인상도 곱고 말씀도 또박또박 잘하여서 조사를 수월하게 마칠 수 있었다.

며느리와 면담하던 조사원이 내게 다가와 귓속말로 전했다. "이 가족은 매우 재미있어요. 할머니와 아들 내외가 한방에서 주무신대요." 70세가 넘은 아들 내외에게 물었다. "어머님이 질투가 많으신가 봐요. 아드님 내외분과 같이 주무신다고요?" 이에 며느리는 무슨 소리냐며 어머니 연세가 여든이 되었을 때부터 혹시 주무시다가 무슨 일이 생길지 몰라 함께 자기로 결정하였다고 했다. 그래서 20년 넘게 한결같이 한방에 모시고 잤다는 것이었다. 어르신이 주무시다 혹시 사고가 날까 걱정하여 본인들의 불편함을 감수하면서 이런 선택을 기꺼이 한 것이다.

그뿐만이 아니었다. 며느리는 시어머니가 돈이 생기면 천 원짜리로 바꾸어 두었다가, 아들이나 손자가 왔다 갈 때면 천 원씩 나누어 준다며 칭찬하였다. 할머니는 "아들이 잘하니, 며느리도 잘하고, 손주들도 잘해" 하며 자녀들 칭찬에 여념이 없었다. 고부간에 서로를 칭찬하는 모습은 그렇게 흔한 모습은 아니었다. 당신의 고희연 때 큰손자가 선물한 금반지와 금목걸이를 자랑하며, 어려운 살림에도 큰손자가 동생들을 교육시켜 해외 유학도 보내고, 공무원도 되게 했다며, 할머니는 그 공로를 잊지 않고 칭찬하였다.

도시에 사는 증손자들이 찾아오면 서로 다가와 그 곁에서 자고 싶어 한다는 사실에 더더욱 놀라지 않을 수 없었다. 부모가 받드는 효

를 그대로 이어받은 손자, 증손자들의 가족 사랑이 가슴을 뜨겁게
하였다.

100세 아버지에게
하루 다섯 끼 차려 드리는 효자 아들

강원도 평창군 안흥면 산골의 허름한 집에서 100세인 윤명섭 할
아버지를 만났다. 밭일, 논일을 하고 장날마다 홀로 버스를 타고 나
들이를 나갈 뿐 아니라 집 안에서도 가스불 관리며 청소를 도맡아
할 정도로 건강했다. 할아버지는 "살다 살다 보니 너무 오래 살았어"
하면서 당신과 가까이 지내던 위친계(부모의 초상을 당했을 때 서로 도움
을 주기 위하여 조직하는 계—편집자) 회원이 30여 명이었는데 모두 저 세
상으로 가 버렸다고 서운해하였다.
　친구 하나 없는 산골에서 할아버지는 오로지 일을 하면서 자신을
이겨 내고 있었다. 윤명섭 할아버지는 아들과 함께 살고 있었는데,
며느리는 집을 떠나 버려 아들이 혼자 아버지를 지극정성으로 모시
고 있었다. 놀라운 것은 아들이 버거씨병을 앓아 오른발을 절단하는
수술을 받아 신체가 불편한데도 아무 불평 없이 아버지를 모시는 점
이었다. 이 아들은 아버지가 식사를 한꺼번에 많이 못 한다고 하루
식사량을 다섯 끼로 나누어 상을 차려 드리고 있었다. 그러면서도
반찬 대접을 제대로 해 드리지 못하여 송구하다고 하였다.

또한 아들은 적은 액수나마 수입이 생기면 모두 아버지에게 드리고 자신은 용돈을 필요한 만큼 조금씩 타서 쓰고 있었다. 아직도 아버지에게 그렇게 허가를 받아야 하느냐고 묻자 "어른이 그래야 좋아하셔서 그냥 그래요"라며 당연하지 않느냐는 투로 답했다.

온전한 신체를 가져도, 정상적으로 가족을 이루고 있어도 100세 부모를 부양하기란 힘든 일인데, 이 아들의 지극한 효성은 우리 사회에 아직 훈훈한 효가 살아 있음을 보여 주었다. 아들에게 소원이 무엇인지 물었다. 으레 돈을 많이 벌어 깨끗한 집을 갖고 싶다는 세속적인 답을 기대한 내 자신을 참으로 부끄럽게 한 답이 돌아왔다. "우리 아버지 건강하셔야 할 텐데, 돌아가시면 어떡하나……." 아들은 오로지 아버지의 건강을 바랐고, 아버지가 천수를 다하기를 진심으로 기원하고 있었다. 자신의 처지가 나아지기보다 부모의 건강과 장수를 일순위로 둔 아들의 진심어린 효의 모습이었다.

가난하고 장애가 있어도
부모 모시는 것은 당연하다는 아들

전남 구례군 마산면의 허름한 골목 이발소에서 97세 손석순 할아버지를 만났다. 할아버지는 나무꾼 출신으로 젊었을 때 쌀가마니를 두 개씩 지고 다녔을 만큼 힘이 장사였으며, 한때는 별명이 힘센 자동차의 상징인 '지엠씨(GM 트럭)'였다고 했다. 말은 어눌했지만 기골이 장대했고 기력이 정정하였다.

할아버지를 모시고 사는 아들은 선천성 지체부자유자였다. 그는 허름한 동네 이발소를 통해 생계를 꾸려 나가고 있었다. 아들의 이발소는 이빨 빠진 듯한 이발기며 낡은 세면대가 있는, 이제는 찾아보기 힘든 옛날 시골 이발소 모습이었다. 손님이 거의 없지만 70세가 다 된 아들은 자신이 이러한 일이라도 하면서 동네에 봉사한다며 밝고 자랑스럽게 이야기하였다. 그는 형편이 어렵고 몸이 불편한데도 자신이 마을을 위하여 무엇인가 하고 있다는 것에 자부심을 가지고 있었다.

형편이 어려운데 어르신까지 모시느라 고생이 많다고 인사를 건네자 아들은 무슨 그런 소리를 하느냐는 식으로 반응하였다. "내 몸이 안 좋다고 부모님 안 모실 수 있나요?" 자신이 가난하고 몸이 불편하다는 이유로 어떻게 부모님을 모시지 않을 수 있느냐는 소박한 반박에, 말을 던진 내가 부끄러워지기만 하였다.

어려운 환경에서 자신의 나이가 이미 70~80세가 넘었는데도 여전히 성심을 다하여 100세인 부모를 모시면서도 더 지극히 모시지 못함을 탓하고 사는 자식들의 모습을 보면서, 우리나라에 이런 전통적인 효가 아직 남아 있음을 보았다. 바로 노노케어(老老care)의 전형이었다.

문명의 이기가 잘 발달된 도회지나 경제 형편이 좀 더 좋은 가정에서 부모자식 간의 관계가 어떻게 달라졌는지는 우리 주변에서 흔히 볼 수 있다. 국가기관이나 지방자치단체, 혹은 민간에서 운영되는 양로원이나 요양원이 근자에 만원이다. 생활의 편리를 위한다는 명분과 보다 실질적이고 전문적인 요양을 위한다는 명분에서 집에서 모시는 것보다 시설을 선호하는 경향으로 바뀌는 것이다.

물론 집집마다 여러 가지 형편이 있겠지만, 늙은 부모를 봉양하는 데 시설을 우선하려는 세태를 자주 접하면서 과연 여생을 어떻게 보내는 것이 노부모에게 더 좋고 보람이 있을까를 다시 한 번 생각해 보게 된다. 늙은 부모를 가까이서 직접 모시기보다 효율적인 방법을 활용하여 전문 기관에 부양을 대행하게 하는 새로운 트렌드가 노인의 행복과 삶의 질을 보장할 수 있을까에 대해 진지하게 생각해 볼 필요가 있다.

CHAPTER 4

여전히 늙은 자식을
챙기고 사는 100세인들

백 살 부모가 아직도 칠팔십 된 자식들을 품 안에 데리고 있다는 것은 현실적으로 거의 불가능한 일이다. 우리나라 조사에서 100세인의 평균 자녀수는 6명이었고 그중 겨우 반 정도만 살아 있을 뿐이었다. 따라서 슬하의 자식들 중 어느 누구도 부모보다 먼저 가지 않아야만 치를 수 있다는 회혼례를 치른 100세인 부부도 많지 않다. 그러기에 한마을에서 자식들과 함께 살면서 늙은 자식들을 챙기는 100세인을 보기란 믿기지 않을 만큼 놀라운 일이었다.

한나절만 못 봐도 보고 싶다는
104세 할머니의 자식 사랑

전라남도 곡성군 묵사동면에 사는 104세 조씨 할머니는 귀가 어두워진 지 여러 해가 넘었지만 그래도 대화는 가능했다. 아직도 바늘귀를 직접 뀔 만큼 눈은 밝았다. 성격이 급하고 까다로울 때도 있

으나, 보통은 모가 나지 않고 활달하며, 절대로 과식하지 않는다고
하였다.

할머니는 3남 2녀를 두었는데 딸 둘은 다른 마을에 살고, 아들 3형
제가 같은 마을에 모여 살고 있었다. 큰아들은 76세, 둘째 아들 73세,
막내아들 68세였다. 할머니를 방문하였을 때 아들 셋이 모두 찾아와
어머니 앞에 공손하게 앉아 있었다.

할머니는 대화하던 중 대청에서 바라보이는 50~60미터 떨어진
빨간 기와지붕 집을 가리키면서 "저기가 둘째 집이야" 하셨다. 둘째
아들 집에 하루에도 열댓 번 오가면서 부엌도 들여다보고 광도 들
여다보고 안방에도 앉았다가 오고는 한다고 했다. 할머니는 앞에 앉
아 있는 막내아들을 가리키면서 "내가 저 애 집에는 못 가 봐" 하면
서 한숨을 쉬었다. 막내아들 집이 마을 뒤에 있어 개울을 건너야 하
기 때문에 할머니가 쉽게 가지 못한다는 이야기였다.

아들들은 마을을 들어오고 나갈 때마다 어머니에게 들러 안부를
묻는다고 했다. "할머님, 아드님들이 매일 그렇게 자주 들른다던데
무엇이 그리도 궁금하세요?"라고 묻자 할머니는 이렇게 중얼거렸다.
"한나절만 못 봐도 보고 싶지."

작별하고 떠나려는 조사단을 붙잡고 할머니가 이런 말씀을 덧붙
였다. "우리 아들들 상 받게 해 주소. 이런 자식들이 없네." 할머니는
자식들의 효성에 감동하며 살았고, 그리고 100세가 되어서도 나이
와 상관없이 부모로서 자식들에게 줄 수 있는 무한한 사랑을 주고
있었다.

한국전쟁 때 죽은 아들을 가슴에 묻고 산 100세인

경상남도 함안군은 아라가야의 고분군이 읍내 한가운데에 남아 있는 고적지다. 이 지역은 장수인의 거주 비율이 다른 지역에 비해 낮은 편이다. 그런데 이 지역에 드물게나마 백수를 한 분이 있어 찾았다. 산인면 운곡리 마을에서 만난 하수개 할머니는 타 지역에서 딸과 살다가 작년에 이곳으로 이주해 막내아들과 살고 있었다. 역시 이곳에서 계속 살며 장수한 분이 아니었다.

첫눈에도 건강한 모습이 역연하였다. 대화하는 데 전혀 지장이 없었고 일상생활 능력 검사는 물론 인지 능력 조사도 거의 완벽하였다. 할머니 맵시가 고와서 "옛날에 참 예쁘셨겠네요"라고 칭찬해 드렸더니 "이쁘면 뭐해" 하면서도 싫은 내색은 아니었다.

취미를 묻자 "뭐, 잠자는 거지" 하고 답하더니 묻지도 않았는데 "옛날에 여자들은 살림 잘하고, 먹쇠 잘하고, 시어른 잘 모시고 그러기만 하면 잘한다고 했어"라면서 한숨을 내쉬었다. "계집애가 글 배우면 화가 된다고 안 가르쳤어. 그래서 아무것도 못해." 할머니는 강한 불평을 하고는 이내 입을 다물었다. 여자로 태어나 교육받지 못한 것을 새삼 탓한 것이다. 여자라는 이유로 학교를 못 다녔고 그래서 지금 아무것도 할 줄 모른다며 투덜거리는 할머니를 보며 100세가 되어서도 변함없는 향학열을 보았다. 제대로 교육을 받았더라면 이 나이에도 무엇인가 하고 있을 텐데, 배우지 못해 시간을 허송한다는 자책이었다. 할머니에게 소원을 묻자 "훨훨 날아다니고 싶어!"라고 하였다. 할머니의 그러한 모습에서 여전한 성취감과 욕구를 읽을 수 있었다.

　돌아가신 남편 생각이 나느냐고 묻자 "영감 생각 안 나!" 하며 말을 끊었다. 다른 할머니들처럼 젊었을 때 남편이 속을 썩여 원망이 남아서려니 하고 짐작하면서 "왜 그러시느냐?"라고 되묻자 할머니의 답은 의외였다. "영감이 일찍 먼저 가 버려서 괘씸해." 남편이 미워서가 아니라 자신을 두고 먼저 떠나서 야속하다는 표현이었다. 젊었을 때 남편과 사이가 좋았다며 눈시울을 적셨다.

　그러더니 할머니는 죽은 큰아들에 대한 이야기를 꺼냈다. 큰아들이 한국전쟁 때 스물네 살이었는데 보도연맹으로 있다 죽었다며 큰아들에 대한 그리움을 강하게 표현하였다. 할머니는 또 한 번 눈시울을 붉히더니 "큰놈이 지금도 어머니 하고 부르며 집으로 들어서는 것만 같아"라고 하였다. 복잡한 한국사의 아픔 때문에 희생당한 자식에 대한 안타까움을 반백 년이 넘도록 가슴 속 깊이 새기고 있었다.

　할머니는 막내며느리 앞에서 큰아들 이야기만 한 것이 마음에 걸린 듯 이내 표정을 바꾸어 "막내아들이 효자여!" 하며 막내아들 자랑을 시작하였다. 그러고는 치마 속 허리에 찬 복대를 열더니 꼬깃꼬깃 숨겨 둔 천 원짜리 돈을 꺼내어 앞에 앉아 할머니를 쳐다보고 있던 손자에게 주었다.

　자식들에 대한 연민과 사랑은 100세가 넘어도 끝이 없다. 자신보다 먼저 떠난 자식에 대한 그리움은 도저히 잊을 길이 없어 오래 살면 살수록 가슴에 더더욱 깊게 새겨져 가기만 하였다. 자식에 대한 사랑은 늙음과 젊음, 동서양 어디에서나 공통이다.

그리스 서사시인 〈일리아드〉에 나오는 그리스 전쟁 영웅 아킬레우스와 트로이의 왕 프리아모스의 이야기가 있다. 어머니인 테티스 여신에게서 불사의 몸을 받은 아킬레우스는 전쟁에 참가하여 혁혁한 무공을 세웠다. 그러나 아가멤논 왕에게 자존심이 상했다고 전장을 떠났다가 자신의 절친인 파트로클로스가 트로이의 왕자 헥토르에게 죽자 복수하기 위하여 참전하였다. 그는 전쟁에서 헥토르를 죽이고 그 시신에 분노의 복수를 잔인하게 표하였다.

이에 헥토르의 부친인 프리아모스는 자식을 위하여 죽음을 무릅쓰고 아킬레우스를 찾아갔다. "아킬레우스여, 나와 동년배인 당신의 아버지를 생각해 나를 불쌍히 여겨 주시오. 그분은 아무리 힘들어도 희망이 있소. 트로이에서 돌아올 아들, 당신이 있으니까 말이오. 그러나 나는 정말 불행한 사람이오. 내게는 많은 아들이 있었지만 모두 잃고, 마지막 남은 헥토르마저 당신 손에 죽고 말았소. 당신 아버지를 생각하여 나를 제발 동정해 주시오." 결국 아킬레우스는 늙은 부친의 자식에 대한 사랑에 감동하여 시신을 돌려주었다. 비록 신화 속 이야기지만 이는 부성애를 표현하는 대표적 신화이며, 아버지의 간절한 사랑은 곧 노인 존중의 근간이 되었다.

CHAPTER 5
100세를 사는 시어머니와
며느리 관계

100세 시대가 되면서 가장 큰 사회적 문제 중 하나는 초장수인을 부양하는 방안이다. 전통 사회에서는 가족이 부모를 부양하는 것이 당연하였기 때문에 특별한 문제가 되지 않았다. 그러나 산업 사회가 되어 핵가족화되면서 고령인의 부양이 사회적 부담으로 바뀌고 있다.

우리나라에는 전통적으로 장자 승계의 원칙이 있었기에 큰아들 내외가 부모를 모시는 것이 일반적이었다. 특히 100세인을 실질적으로 모시는 가족은 대부분 큰며느리였다.

100세인의 며느리들의 시집살이는 평균 40년, 길게는 60년에 이르는 긴 세월이었다. 이 며느리들도 이미 70~80세에 이르렀기 때문에 건강 상태가 시부모보다 더 나쁜 경우도 자주 보았다. 더러는 역으로 100세인이 80세가 넘은 며느리를 돌보아야 하는 경우도 흔치 않게 만나기도 했다.

시어머니와 며느리 구분하기 힘든 100세인 고부 관계

경상남도 함안군 군북면 동촌마을에서 100세인 조수연 할머니를 만났다. 조 할머니는 아낙들과 함께 동네 어귀의 정자에서 막걸리를 마시고 있었다. 100세인 조사를 나왔다니까 모여 있던 동네 이웃들이 서로 한마디씩 거들고 나섰다. "저 할매는 작년까지도 밭일을 직접 했소." "저 할매 그리 허허허 하고 살아." "며느리가 더 죽을라고 해." 이 아주머니, 저 아주머니 돌아가면서 조 할머니와 그분의 며느리에 대하여 이런저런 이야기들을 해 주었다.

집으로 찾아가니 홀로된 80세 큰며느리가 지팡이 짚고 다니면서 집안일을 하고 있었다. 며느리는 허리가 아픈데도 시어머니를 봉양하고 있었다. 조사단이 보기에는 100세인 시어머니가 훨씬 건강해 보였다. 조 할머니는 성격이 무사태평이어서 한가롭게 사는 데 비하여, 며느리는 불편한 몸을 이끌고 시어머니 모시랴, 살림하랴 힘에 부친 모습이 역력하였다. 사진을 함께 찍으려고 두 분을 마당으로 나오도록 하니, 두 분 모두 지팡이를 짚고 나오는데 누가 100세인이고 누가 80세 며느리인지 구분하기가 힘들었다.

어떤 이웃 아낙이 "저 할매가 누웠다가 일어날 때는 발딱 일어나는데, 며느리는 이리저리 뱅글 돌다가 겨우 일어나"라고 평하였다. 새삼 사람이 늙는다는 것이 단지 나이가 아니라 개개인 별로 편차가 심하다는 것을 100세 시어머니와 80세의 며느리를 보면서 실감했다.

돈 관리 직접 하며 80세 며느리 돌보는 102세 시어머니

전라북도 순창군 팔덕면 태촌리 마을 언덕 위에 위치한 허름한 집에서 102세 라영호 할머니를 만났다. 얼마 전에 넘어져 지금은 거동이 약간 불편하지만 그런대로 건강하였다. 작년까지만 해도 바느질이며 빨래를 손수 다 하였다고 한다. 몸이 불편해도 일이 있으면 기어서라도 직접 가서 해결하여 남의 도움을 받지 않을 정도로 의지가 강한 분이었다.

초고령자들은 대부분 온도에 민감하여 조금이라도 날씨가 차면 움츠러들고 의복을 두텁게 입고 지내는데, 이 할머니는 한겨울에도 러닝셔츠 차림으로 지냈다. 식성은 매우 좋아서 끼니마다 큰 그릇으로 밥 한 그릇을 거뜬히 먹는 대식가였다.

그런데 며느리와 100세인의 관계를 보면서 놀라지 않을 수 없었다. 80세가 다 된 며느리는 시어머니 곁에 얌전히 앉아 있기만 했다. 부녀회장을 맡고 있는 이웃 아주머니는 "며느리가 쉴 때에도 할머니는 쉬는 법이 없고 언제나 일하고 계셔요"라고 하면서 100세인이 평상시에도 도대체 가만히 앉아 쉬는 법이 없다고 했다. 방에 앉아 있으면 계속 걸레질이라도 한다는 것이었다.

더욱 놀라운 것은 시어머니가 며느리를 보살펴 주고 있었고 돈 관리도 102세 시어머니가 직접 하였다. 며느리가 시어머니를 모시는 것이 아니라, 반대로 시어머니가 며느리를 돌보는 가족을 만난 것이다. 100세가 넘은 시어머니가 80세의 며느리를 돌보는 모습은 노노케어(老老 care)가 젊은 노인이 늙은 노인을 봉양하는 것이 아니라 서로 돌보는 것이며, 고령자의 세계에서는 개인의 연령이 문제가 아니라 각자의 건강이 훨씬 중요함을 보여 주었다. 100세인 할머니가 여든이 된 며느리를 돌보는 모습은 100세인의 당당한 모습이기도 하지만, 한편으로는 100세가 된 어른이 여전히 짐을 짊어진다는 것이기에 안타깝다는 생각도 들었다.

5대 가족 이룬 우리나라 최고령자
110세 최애기 할머니

서울시 종로구 청운동에서 우리나라 최고령자 대상이 되는 할머니를 만났다. 통계청과 보건복지부로부터 받은 자료가 실제 출생년도와 차이가 있어 여러 번 실망하였던 조사팀은 그래도 혹시나 하는 기대를 갖고 찾았다. 최애기 할머니는 을미생으로 방문 당시 만 109세가 되어 대전의 엄옥군 할머니와 동갑으로 우리나라 최고령자임을 확인하였다.

할머니는 식성이 좋아서 무엇이나 잘 드셨다. 건강 검진을 위하여 청진기를 가슴에 대려고 하자 또렷한 소리로 질문을 던져 놀랐다. "언제나 죽겠어?" 100세인 중에는 충분히 살았는데도 죽지 않는다고 언제까지 더 살아야 하느냐고 표현하는 사례를 여러 번 보았는데, 110세가 다 되어 기력이 쇠잔한 할머니가 온 힘을 다하여 이런 질문을 하는 모습을 보면서 생명의 의미를 다시 생각해 보게 되었다.

조사팀은 할머니의 손목을 보고 깜짝 놀랐다. 손목과 손등에 뭉치가 생겨 있었기 때문이다. 이유를 묻고 다시 한 번 놀라지 않을 수 없었다. 할머니는 몸이 불편한데도 좀체 가만히 앉아 있는 법이 없었다. 그런데 다리를 쓰지 못하다 보니 항상 손목의 힘으로 움직이고 기어 다녀 그런 뭉치가 생긴 것이었다. 인터뷰 중에도 할머니는 가만히 있지 않고 끊임없이 움직였다. 쉼 없이 계속 움직이는 것이 얼마나 중요하며 장수를 보장하는 확실한 방법인가를 극단적으로 보여 주었다.

할머니는 전라남도 화순에서 태어나 나주에서 오래 살다 서울로 올라왔으며, 방문 당시 5대 가족을 이루고 있었다. 큰아들은 88세로 건강을 유지하고 있었고 지역 노인당을 이끌고 있는데, 89세인 큰며느리는 뇌졸중으로 쓰러져 말도 못하고 기동도 잘 못하였다. 막내 손자며느리가 시어머니와 시할머니를 모시고 있었다.

처음 할머니에게 이름이 무어냐고 물었을 때 할머니가 무어라고 하는데 알아듣지를 못하여 "최애기 할머니 맞지요?" 하고 되묻자 또 고개를 도리도리 흔들며 무어라 하셨지만 도저히 알아들을 수 없었다. 손자며느리에게 물었더니 "할머니 원래 이름이 최차연인데 호적에 최애기라고 되어 있어서 아니라고 하시는 거예요"라고 설명해 주었다. 100년이 넘도록 당신의 이름이 잘못 기재되었다며 신원에 대한 주장을 할 만큼 자아의식이 강하였다.

최 할머니가 우리나라 최고령자로 결정될 것 같아 손자며느리에게 미리 통지하였다. "최 할머님이 우리나라 최고령자가 될 것 같습니다." 그랬더니 손자며느리는 "세상에! 우리 할머니가 우리나라 최고령자라니요! 어머니, 우리 할머니가 최고령자시래요!" 하며 할머니가 우리나라 최고령자인 것을 무척 자랑스러워하고 기뻐하였다.

나이에 따른 퇴행성 변화는 당연한 것이고, 노인들은 부양받고 돌봄받아야 하는 존재라고 생각해 왔다. 그런데 여전히 정정한 모습을 보여 주는 100세인들의 삶은 감동스럽기까지 했다. 자기보다 덜 늙은 자식을 챙기는 100세인들의 모습은 나이가 들면 누구나 신체가 노쇠해지고 일상생활을 제대로 영위하지 못하게 된다는 선입견이 잘못되었음을 보여 주는 단적인 예다. 결국 아무리 나이가 들어도 자신의 건강 상태를 유지할 수 있다는 사실은, 100세를 맞은 개개인이 스스로 어떻게 살아야만 하는가를 강력하게 가르쳐 준다. 나이가 들어도 자신의 건강을 유지하며 주위를 돌아볼 수 있는 상황을 만들어 가는 것이 노화를 받아들이는 최선의 방향이 될 것이다.

건강한 100세인들이 오히려 나이가 젊은 가족들을 돌보아 주거나 일상생활에서 당당하게 자신을 관리하며 살고 있다는 사실은 미래 초고령 사회에 제기될 수 있는 많은 문제점 중 가장 중요한 노인 부양의 문제도 새롭게 해결될 수 있는 가능성을 보여 준다. 바로 노인 독립의 가능성이다. 나이가 많아도 스스로 건강을 제대로 유지할 수 있다면 남의 도움을 받지 않고 오히려 도움을 주면서 살아갈 수 있음을 보여 준다.

CHAPTER 6

며느리의 희생으로 유지된
초고령자 부양

노인 부양이 점차 사회문제화되는 것은 제도와 문화가 급속도로 변화하고 있기 때문이다. 100세인을 모시고 사는 일은 여느 일반 가정과는 다를 수밖에 없을 것이기 때문에 이러한 실상을 살펴보는 것이 매우 중요하다.

100세까지 장수한 분들을 방문하면서 안타까웠던 점은 대부분 일찍 배우자를 여의고 혼자 지낸다는 것이다. 자식이나 이웃이 보살펴 주기도 하지만 30~40년 넘도록 혼자 산다는 것은 매우 큰 고통이 될 수 있다.

남성보다 여성의 평균 수명이 긴 만큼 홀로된 시어머니를 모시고 사는 홀로된 며느리의 경우는 종종 보게 된다. 그러나 홀로된 시아버지를 모시고 사는 홀로된 며느리의 사례는 드물며, 이 경우에는 여러모로 불편함이 많을 것이다. 그런데 실제로 홀로된 시아버지가 100세에 이르기까지 홀로된 며느리가 모시고 산 경우가 있어 놀라웠다.

홀로된 며느리의 홀시아버지 50년 모시기

경상남도 거창군에서 만난 104세 정규상 할아버지는 75세가 넘은 홀로된 며느리와 단둘이 살고 있었다. 우리가 방문한 날, 정 할아버지는 모시 한복을 곱게 입고 있었고, 정정하고 말씀도 의젓하였다. 며느리 말로는 할아버지가 가끔 불같은 모습을 보이기는 하지만 대부분은 너그럽고 자상하여 일상생활에 불편함을 한 번도 느끼지 못했다고 하였다.

며느리는 15세에 결혼하여 25세에 청상과부가 되었는데, 시아버지 또한 55세에 홀로되어 지난 50년을 시아버지와 며느리 단 두 분이 살아왔다고 한다. 어떻게 이렇게 두 분만 살 수 있었느냐고 물었다. 며느리는 "내가 재가해 버리면 시아버지가 너무 불쌍할 것 같아서"라고 대답하였다. 할아버지도 "내가 재취를 얻으면 큰며느리가 불편해할 것 같아서 그냥 살았지 뭐!"라고 대답하였다. 시아버지와 며느리가 서로 간에 안쓰러워서 참고 살아온 것이 50년이 넘었다.

그날 저녁 밥상을 올리는 며느리를 보면서 큰 감동을 받았다. 그냥 밥상을 들이는 것이 아니라, 상 위에 놓인 반찬들을 하나씩 시아버지에게 설명하면서 식사를 권하였다. "아버님, 이 감자는 식어서 조금 딱딱해요. 꼭꼭 씹어 드세요. 이 나물은 아버님이 좋아하시는 가지나물이에요." 50년을 한결같이 시아버지를 모셔 온 며느리의 정성이었다.

떠나려는 우리에게 팔순이 다 된 며느리는 "늙은 사람들은 이력

저럭 살다 가면 되니깐 걱정 말아. 젊은 사람들이 잘 되어야 나라가 잘 되지" 하는 당부까지 하였다. 며느리는 자신의 행복을 마다하고, 80세가 되도록 늙어 가는 시아버지를 한결같이 모셨고, 100세 시아버지는 며느리의 안쓰러운 모습을 다독이며 평생을 살아 온 것이다. 서로를 배려하며 살아온 이들의 특별한 삶이 숭고해 보였다.

모든 부담을 떠안은 종갓집 며느리의 무게

경상북도 문경시 산양면 여씨 집성촌을 찾아갔다. 종가의 어르신인 여진석 할아버지의 백수연을 이곳에서는 영수연(永壽宴)이라고 부르며 축제를 벌였다. 할아버지가 거처하는 방 안 사방에는 한문 서적들이 가득 쌓여 있고, 1년 사시절 절기에 조심하여야 할 것, 절기에 따른 농사 관련 일들이 붓글씨로 메모되어 꼼꼼하게 붙어 있었다. 마을의 어른으로서 동네일과 문중 일을 주관하며 역할을 다하고 있었다.

다른 100세인들과 달리 할아버지는 몸에 좋다는 것은 일부러 구해다가 먹었다고 하였다. 병아리를 땅에 묻었다가 삶는다든가 새끼 돼지나 뱀을 잡아먹거나 옻술을 담가 마시는 등 건강을 지키기 위하여 운동 대신 먹거리로 보완하려는 노력을 기울여 왔다. 의외의 사실은 할아버지가 평생 애연가이며 애주가라는 것이었다. 조사하러 간 당일에도 방 안에 소주가 박스로 있었고, 재떨이에는 꽁초가 수북하게 쌓여 있었다. 아흔 살 무렵 몸 상태가 나빠져서 가족들의 성화로 잠시 술과 담배를 끊었지만, 몸이 호전되자마자 다시 시작할 만큼 골초였고 호주가였다. 이처럼 100세 장수인들이 모두 금연과 금주를 하는 것은 아니고 흡연하거나 음주하는 비율이 다섯 분 중 한 분 정도였다. 그러나 여진석 할아버지만큼 심한 경우는 거의 없었다.

할아버지를 모시고 사는 홀로된 큰며느리의 하소연은 우리나라 시골 집성촌의 답답함을 절감하게 하였다. "1년에 기제사가 일곱 번이고 설과 추석 차례, 시제, 동네일, 문중 일 있을 때마다 나는 죽어." 이러한 하소연과 함께 며느리는 "더구나 시아버지 때문에 나는 꼼짝도 못 해"라며 토로하였다. 옛날에는 집성촌의 종갓집 위세가 대단했다. 마을 사람들이 종가 행사에 참여해야 했고 종부의 지시를 따라야 했다. 그러나 시대가 달라져 종갓집은 제반 절차에 있어서는 옛날과 다름없는 형식과 격을 갖추고 있지만 친척들의 협조는 소홀해지다보니 모든 부담이 큰며느리에게 돌아가고 있는 것이다. 종부의 외로움과 힘듦을 이해하고 집안이 나서서 종부가 맡고 있는 책임과 의무를 적절하게 경감시켜 줄 필요가 있어 보였다.

장애인 시어머니 50년째 모시는 며느리의 헌신

경상북도 예천군 용문면 선리마을 언덕 끝자락에 다 허물어져 가는 허름한 집에 사는 100세인 이순용 할머니를 만났다. 할머니는 70

세가 넘으면서부터 시력을 잃어 바깥 출입을 못 하였다. 그래도 할머니는 여전히 건강하고 일상생활 능력이라든가 기본적 인지 능력도 괜찮았다.

조사하면서 이순용 할머니보다 할머니를 모시고 사는 며느리에게 관심이 갔다. 며느리 박봉협 님은 20세에 결혼하여 50년째 시어머니를 모시고 살고 있지만 시집살이의 어려움에 대하여 단 한 마디 불평도 하지 않았다. 바깥 출입을 못 하고 방에만 있는 시어머니를 깍듯하게 모셨다. 같이 살고 있는 50세가 넘은 손자는 팔목이 절단된 지체부자유자였다. 시어머니와 자식이 모두 장애인이어서 결국 온 가족을 며느리 혼자 보살펴야 하는 상황이었다.

할머니가 시각장애자이기 때문에 모시기가 더 힘들지 않느냐는 질문에 며느리는 "낮인지 밤인지 모르고 계셔서 언제나 준비하고 있어야 해요" 하며 시간 개념이 없는 시어머니의 생활로 어려움이 있음을 인정하면서도 전혀 불평하지 않았다. 고생한다는 위로에 오히려 "어머니가 집을 지키고 계셔서 좋아요" 하며 어머니에 대한 고마움으로 답해 주어, 위로한답시고 몇 마디 던진 나를 무색하게 하였다. 가족과 함께 사는 것은 너무도 당연한 것이기 때문에 그것으로 칭찬받는 것이 오히려 부끄럽다는 것이었다.

깊은 산속 외진 마을에서 가난하고 어렵게 살아가는 가족을 통해 진정한 가족 간의 사랑과 의무를 볼 수 있었다. 눈이 불편한 어머니와 손이 불편한 아들을 함께 보살피면서도 긍정적인 마음으로 살아가는 며느리의 삶이 빛이고 등대 같았다.

100세에도 당당한 시어머니

경상북도 영주시 문수면에서 100세인 민씨 할머니를 만났다. 조사팀이 찾아가자 누워 있던 할머니는 일어서면서 조사팀에게 밖에서 잠깐 기다리도록 하였다. 할머니는 머리를 새로 빗고 옷매무새를 고쳐 입고 나서야 우리를 맞았다.

대부분의 장수 어르신들은 외모에 크게 신경 쓰지 않고 편한 차림으로 우리를 맞아 주었는데 민 할머니는 달랐다. 100세가 넘었지만 여전히 손님을 맞을 때는 외모를 가다듬고 반듯한 모습으로 차리는 것에서 옛날 양반집 부인의 기품과 당당함이 느껴졌다.

어르신에게 백수를 넘겨 장수함을 축하하자 뜻밖의 답을 하였다. "TV를 보니 106세 할머니가 투표하러 가던데." 당신보다 나이가 더 많으신 분이 있는데, 당신의 나이가 뭐 특별히 떠들 만하냐는 뜻이었다.

대화를 해 보니 민 할머니는 성격이 강하고 자기주장이 셀 것 같아 보였다. 그러한 어른을 모시고 살아온 며느리의 표정은 참 온화했다. 아들도 표정이 밝았다. 마침 찾아온 이웃 아주머니에게 할머니와 가족들에 대하여 묻자, 며느리가 대단하다며 시어머니의 온갖 시집살이를 잘 견디어 냈다고 칭찬하였다. 민 할머니의 장수는 아들 내외가 합심하여 어머니의 강한 성품을 원만하게 처리해 낸 결과일 것이다.

고집 세고 인색한 시어머니 40년째 모시는 홀로된 며느리

　강원도 정선군 남면 아우라지강이 합쳐지는 마을에 사는 100세인 신옥분 할머니를 방문했다. 그런데 마을 사람들이 이구동성으로 할머니의 며느리를 효부라고 칭찬하여 사정이 궁금하였다. 할머니는 매우 까다롭고 고집 세고 인색한 성격이라는데 큰며느리는 그런 시어머니를 40년째 정성스레 모시고 있었다. 큰아들은 오토바이 사고로 먼저 세상 떠난 지 20년이 넘었다고 하였다.

　할머니는 다른 둘째, 셋째 아들 집에는 하루나 이틀 갔다가 오는 것이 전부였다. 경로연금을 비롯한 모든 돈을 할머니가 직접 관리하면서도 손자들에게 용돈 한 번 준 적이 없다고 했다. 건강에 좋다는 약초, 삼, 장어 등을 일부러 챙겨 드실 만큼 건강 관리에는 철저하였다. 가족을 챙기는 다정함이 없는 이기적인 시어머니를 모시면서도 며느리는 싫은 내색 없이 살아온 것이다.

　고생한다고 며느리에게 말을 걸자 이렇게 답했다. "혼자 살면 어떡하나 걱정인데, 그래도 같이 사니까 좋아. 미울 때가 있어도 저분은 본래 저러니까, 하고 그냥 살아." 그리고 더욱 겸손하게 말을 덧붙였다. "힘들지 않아. 그냥 내가 사는 대로, 먹는 대로 해 드리고 특별하게 하는 건 없어. 그래도 나와 살고 계셔서 그냥 좋아."

　가족적 유대의 전통이 돈독하지 못한 일본의 경우, 지금 도처에서 벌어지고 있는 노인 부양의 사회적 문제와 급증하는 무연고사(無緣故死)의 문제들이 들릴 때마다 그들의 소식이 이제는 남의 이야기가 아니라는 생각이 든다. 우리 사회도 이제 부모자식 간의 무조건적인 돌봄이나 부양을 기대할 수 없는 사회가 되었다.

급속도로 진행되는 고령화와 저출산 위기에서 노부모 부양은 가족뿐 아니라 사회가 함께 책임져야 한다는 인식이 커져 가는 상황이다. 초고령자를 어떻게 부양해야 하는지는 계속 제기되어야 할 문제다.

CHAPTER 7
혼자 사는 100세인의 고독

100세인 조사를 하면서 100세에도 혼자 사는 어르신들을 만나면서 그분들의 일상생활이 얼마나 힘들고 외로울까 걱정하였다. 그렇지만 의외로 농촌에 사는 대다수의 100세인은 마을 사람들과 벗하면서 혼자서도 당당하고 건강하게 살아가는 모습을 보여 주었다. 그러나 일부 100세인은 외로움에 젖어 누구라도 찾아와 주기를 기다리는 고독한 삶을 살고 있었고, 어떤 이들은 생활상이 처참하리만큼 안타깝기도 하였다.

사람을 그리워하는 노인의 심정

전라남도 구례군 구례읍 계산리 독자마을 윗동네에서 100세인 여씨 할머니를 만났다. 방문한 사람들을 당신의 손자들이나 가족으로 착각하기는 하였지만, 바로 2년 전까지는 손바느질을 하였고, 성격이 개방적이어서 마을 사람들 누구에게나 환영받는다고 했다.

할머니는 당신의 수의를 직접 장만해 놓고, 수의 안에 14만 원을 넣어 놓았다고 했다. 이유를 묻자, 할머니는 조카에게만 슬그머니 이렇게 당부하였다고 한다. "내가 죽거들랑, 장례 때 찾아오는 사람들 술 받아 주게." 당신의 죽음을 대비하고, 찾아오는 조문객에 대한 사례까지 준비해 둔 할머니의 꼼꼼함과 자상함에 놀라지 않을 수 없었다. 죽음을 곧 닥칠 현실로 받아들인 의연함과, 마지막까지 자기의 삶을 책임지려는 당당한 모습이었다.

대화를 나누면서도 할머니는 좋아서 어쩔 줄 몰라 하였다. "안 죽고 산게 좋아. 나보러 왔어!" 할머니는 사람들이 찾아온 것을 너무도 기뻐했다. "가면 서운해. 가면 언제 볼까? 또 서울로 가부러." 명절 때면 자식과 손자들이 우르르 왔다가 다 서울로 가 버리는 일들이 못내 서운하였던 것이다. "나 죽기 전에 또 와." "언제 나 죽었다 하면 꼭 와!" 당신의 죽음에 앞서 자주 보고 싶은 마음, 사람을 그리워하는 노인들의 외로운 심정을 어떻게 달래드릴 수 있을까?

우울증에 빠져 반응하지 않는 노인들

일본 도쿄 부근의 이시오카시에 있는 요양원에서 106세 오타베 지요 할머니를 만났다. 일본 100세인 연구 책임자인 히로세 노부요시 박사의 안내로 함께 찾아갔다. 요양원은 매행회(梅行會)에서 운영하는 요양원 체인 중 하나였다. 방문 일정을 미리 전달해 두었더니 할머니의 83세 아들과 80세 딸이 모두 와 있었다. 자녀들은 건실한 모습이었고, 어머니를 매주 찾아온다고 했다.

오타베 지요 할머니는 우울증이 매우 심하여 모든 질문에 묵묵부답으로 일관하였다. 모든 것을 귀찮아하고 응하지 않았다. 가져온 선물인 양과자를 내놓고 대화를 시작해도 눈빛은 과자에만 가 있었다. 과자를 쪼개어 입에 넣어 드리자 과자만 오물오물 씹었다.

가족들에게 과거력을 물었다. 큰아들이 할머니를 모시고 살았고 102세까지 매우 건강하였다고 하였다. 그 무렵 요실금 현상이 심해져서 결국 가족들이 의논하여 어머니를 요양원으로 옮겼고, 그 대신 자식들이 매주 돌아가면서 어머니를 찾아왔다. 그런데 할머니는 요양원에 들어온 지 두어 달 지난 후부터 모든 사람과의 대화를 중단하고 입을 다물어 버렸다. 이후 4년 동안 일상에서 어떠한 반응도 하지 않고 그저 묵묵부답의 생활로 바뀌어 버렸다. 따라서 인지 능력 조사도 불가능하였다.

오타베 지요 할머니의 경우는 자식들이 모두 성실하게 자주 찾아와 위안을 드리고 있었다. 늙은 어르신의 요실금 때문에 집에서 모시기가 힘들어서 좋은 시설의 요양원을 찾아 모신 것은 얼마든지 이해할 수 있는 일이었다. 그러나 갑자기 낯선 환경에 던져진 할머니는 엄청난 심리적 타격을 받은 것이다.

오타베 지요 할머니와 같은 경우가 상당히 흔하였다. 일본에서는 노인 복지 시설이 잘 되어 있어서 105세 이상의 노인은 90퍼센트, 그리고 100세 이상도 50퍼센트 이상이 요양원에서 살고 있다. 일본의 요양원은 기본적으로 시설도 잘 갖추어져 있고 영양 및 의료 혜택에 손색이 없기 때문에 초고령 노인에게는 매우 이상적인 거주 환경으로 기대되어 왔다. 그러나 오타베 지요 할머니처럼 가족과 헤어져 요양원으로 오게 된 노인들은 상당수가 우울증에 빠졌다. 평생 살아왔던 환경, 그리고 몸과 마음을 쏟았던 가족을 떠나 낯선 환경에서 살아가는 것은, 그곳이 아무리 객관적으로 좋다고 할지라도 본인들에게는 큰 충격일 수 있다. 그동안 노인 복지 시설에 있어서 귀감이 되어 왔던 북구 스칸디나비아 국가들에서도 집에서 돌보는 형태인 재가형 노인 복지를 위하여 엄청난 노력을 기울이고 있음을 주목하여야 할 것 같다.

지역 조사를 하면서 초고령인의 삶의 질은 가장 큰 관심의 대상이었다. 나이가 아무리 들어도 사람답게 살 수 있을까? 경제적 여건이 필수 조건일까? 초고령인의 삶의 질을 보장하는 사회를 돈으로만 이룰 수 있을까? 저비용 장수 사회는 꿈일까? 또한 고령인의 삶의 질에 필수적인 소통, 또는 고독 극복이라는 주제도 생각하게 되었다.

이런 주제를 되풀이하며 묻고 물어가는 과정에서 호남과 영남 지방의 서로 다른 전통에 주목하게 되었다. 바로 모정 또는 정자의 위치다. 전라도 시골 마을을 찾아가면 어디나 마을 어귀에 정자가 있다. 반면 경상도 시골 마을에는 산꼭대기나 깊은 골짜기에만 정자가 있다. 마을 어귀에 있는 정자는 동네 어르신들이 주로 쉬는 공간이어서, 오고 가는 마을 사람들이 인사하고 지나가고 더러는 집에서 수박도 썰어 오고 부침개도 부쳐 와 함께 나누는 것이 일상이었다. 그러나 이러한 정자가 없는 지역에서는 이같은 소통이 일어날 수 없었다.

정자의 위치로 짐작해 볼 때, 호남 지방의 노인들은 열린 공간에 주로 머무르며 동네 사람들과 일상을 편하게 나눌 수 있었다. 그러나 영남 지방의 노인들은 주로 집 안이라는 닫힌 공간에 머무르게 되고 결과적으로 노인들의 삶이 더욱 외로워질 수밖에 없지 않을까 생각되었다. 일상에서 만나는 소통의 공간들은 노인들이 고독을 해결해 온 전통적 해결책이었고 이것이 장수와 노인의 삶의 질 향상에 크게 기여했을 것으로 짐작된다.

CHAPTER 8

늘고 있는 독거노인과
버려지는 노인

늙은 부모를 산속에 버렸다는 고려장이라는 풍속이 우리나라에 있었다는 증거는 없다. '고려장'이라는 단어는 우리나라를 한 번도 찾은 적이 없는 미국 선교사 그리피스가 일본인에게 들은 이야기를 기록하여 1882년에 출간한《은둔의 나라 한국》이라는 책에 처음 등장한다. 이후 일본인 미와 다마키가 1919년에 쓴《전설의 조선》이라는 책에 고려장이 다시 언급된다. 오히려 일본에는 늙은 부모를 버리는 '오바스테(姨捨, おばすて)'라는 풍속을 담은 기로설화(棄老說話)가 있다. 실제로 나가노 지역에 가면 산 명칭 자체가 '어머니를 버리는 산'이라는 오바스테산(姨捨山)이 있다. 이마무라 쇼헤이 감독의 영화〈나라야마 부시코〉에는 70세가 넘은 가족을 산에 버리는 장면이 나온다.

노인을 산속에 버리는 기로 풍속에 관한 이야기는 원래 중국 불경의 기로국 설화에 수록되어 있다. 실제 내용은 늙은 부모를 버리려다 결국은 노인의 지혜에 감동한다는 반어적 이야기들이다. 그런데 이런 풍속이 근자에 새삼스럽게 이야기되는 것은 초고령 사회로 들어서면서 가족에게 노인 부양의 문제가 새롭게 등장하고 있기 때문이다.

100세인 중에서 다른 가족 없이 오로지 혼자 사는 경우가 20년 전에는 10명에 1명꼴이었는데 근자에는 3명꼴로 늘었다. 시골에 거주하는 100세인 할머니의 경우는 이웃들이 돕기도 하지만 대부분 혼자서 생활하되 집 안을 깔끔하게 정돈하고 유지하고 있다. 반면 100세 넘은 독거노인 중 남성의 수는 많지 않지만, 그러한 경우는 대부분 생활이 말이 아닐 만큼 처참하였다.

컨테이너에 버려진 할아버지

강원도 횡성읍에서 혼자 사는 98세 신돌석(가명) 할아버지를 만났다. 할아버지는 남의 집 마당을 빌려 컨테이너를 놓고 혼자 살고 있었다. 장날이면 혼자 이십 리가 넘는 횡성읍까지 다녀오고, 혼자 살면서 식사를 스스로 챙기고 남의 도움을 받지 않는다고 하였다. 동네 소문에 따르면 할아버지는 일흔여덟 살에 예순 살의 새 신부를 얻었는데 며칠도 안 되어 헤어졌고, 여든 살이 될 때까지 술집 출입을 하였다고 한다.

할아버지에게는 딸이 한 명 있고 가끔 한 번 들르기는 한다지만 기본적으로 혼자 모든 것을 처리하고 살았다. 할아버지를 찾아갔을 때도 문이 잠겨 있어 기다리다가 읍내에서 돌아오는 할아버지를 맞왔다. 98세라는 나이를 믿을 수 없을 만큼 건장하였다.

할아버지를 따라 컨테이너 안으로 들어갔을 때 큰 충격을 받았다. 실내 악취도 심했지만 한여름인데도 히터를 켜서 실내가 찜통 같았다. 식사 조사팀이 냉장고와 부엌을 살피다가 비명을 지르기도 했다. 냄비며 식기 속에 구더기가 우글대고 있었고, 식기들이 모두 세척되지 않은 채 지저분한 상태로 쌓여 있었다. 실내 청소가 전혀 되어 있지 않아 거의 쓰레기통 같은 곳에서 쓰레기를 먹고 사는 것 같았다.

장수인 조사를 다니면서 별의별 모습들을 보았지만 이처럼 처참한 경우는 없었다. 너무도 어이가 없어 함께 방문한 지역 담당자에게 이러한 독거노인들에 대한 지역 관리 체계가 없는지 묻자 장황하게 여러 프로그램을 설명해 주었다. 그러나 행정 체계상 이 할아버지는 지원 대상이 아니기 때문에 도움을 받을 수 없다고 했다. 생계 부양 대상자가 되려면 가족이 없거나 극히 가난하여야 하는데 서류상 이분은 그렇지 않다는 것이다.

다른 사람 집 마당에 컨테이너를 놓고 살고 있기 때문에 혹시 주인집에서라도 살펴 주는 일이 있을까 물었더니 주인 식구들도 전혀 모르고 살고 있었다. 이웃들은 이 할아버지가 건장하여 모든 일을 스스로 잘 처리한다고 말하면서 도움을 회피한다고 했다.

우리나라 시골의 전통 관습상 서로 돕고 보살펴 오는 삶이었기에 지금껏 많은 독거노인을 만나면서 나이 들어서도 혼자 사는 삶이 가능하다고 여겼는데, 왜 이곳에서는 이런 일이 벌어지고 있을까? 농촌 사회의 미풍양속이 와해되어 버린 것일까?

물론 할아버지의 탓도 있는 듯했다. 젊었을 때 바람을 많이 피워 집안을 제대로 돌보지 않았고, 아버지에 대한 정이 없이 자란 자식들이 출가한 후 부모를 보살피려는 마음조차 없게 만들었으니 상당 부분 본인에게 책임이 있다.

이토록 처참한 상황에서 어떠한 대책이 필요할까? 부모에 대한 원망만 남아 있는 자식들에게 계속 책임을 물어야 할까? 사회 복지라는 개념이 명목에 사로잡히지 않고 보다 현실적으로 문제를 해결해 나가는 데 집중해야 할 필요가 있다. 이 할아버지와 같은 삶이 바로 고려장이고 일본식 오바스테라고 볼 수 있다.

가족들의 외면과 버려지는 노인

강원도 고성군은 특이한 지역이다. 군의 절반 이상이 북한에 속해 있고, 원래 읍사무소가 있던 고성읍 또한 북한 땅이 되어서, 군청이 군 명칭과 다른 곳인 간성읍에 있다. 민족 분단의 냉엄함을 엿볼 수 있는 현장이다.

이곳에 102세 되는 할머니가 산다고 하여 찾아갔다. 공직에서 갓 은퇴하였다는 손자가 우리를 맞았다. 손자는 나름대로 노인 문제에 대한 일가견을 가지고 있었고, 고성군에 새로운 개념의 노인 복지 시설을 건설하고 싶다고 하였다. 그 새로운 개념이 무엇이냐고 묻자

"노인을 살게만 도와주고, 나머지는 알아서 살도록 하는 것"이라고 대답하였다. 기본 취지는 나도 공감하는 바여서 좋은 의견이라고 맞장구쳐 주었다. 이어 102세 된 할머니는 어디 계시는지 물었더니, 별장 뒤채를 손가락으로 가리키며 가 보라고 하였다. 할머니는 지금도 청소와 빨래를 직접 하고, 식사나 목욕도 스스로 한다고 부언하였다.

별채를 돌아 할머니를 찾아갔다. "아!" 우리 일행은 모두 충격을 받았다. 늙은 할머니가 화장실에서 기어 나오고 있었다. 옷은 남루하기 그지없고, 얼굴에는 핏기조차 없었지만 눈빛은 형형하였다. 몸에 묻은 때며 냄새나는 옷을 그냥 두고 볼 수만은 없어, 우리 일행은 조사에 앞서서 목욕이라도 시켜드리자고 서둘렀다. 상태가 너무도 처참하였다.

조사를 마치고 나오면서 문간에 기다리고 있는 손자에게 노인을 어떻게 모시느냐고 다시 물었다. 할머니에 대한 인식이 매우 부정적이었다. 할머니 때문에 가족들이 많이 희생되었다거나 시집간 딸만 생각하고 다른 가족은 무시한다면서, 그래서 지금은 보름에 한 번 정도 반찬만 가져다준다는 이야기를 거침없이 하였다.

할머니를 면담하면서 열어 보았던 냉장고에는 아무런 반찬도 남아 있지 않았고, 갈아입을 옷 한 벌 걸려 있지 않았다. 할머니에게 물었다. "다른 가족들은 안 오나요?" "불러도 아무도 안 와." 그러면서 면담하는 젊은 여성 조사단원의 손을 꼭 잡았다. "색시 손이 정말 따뜻해." 한여름인데도 사람의 손에서 온기를 느끼고 좋아하는 할머니의 가련한 모습을 보면서 이것이 바로 현대판 고려장이라는 생각이 들었다. 가족이 버리면 노인의 모습은 저리 될 수밖에 없는 것인가, 탄식하면서 산을 내려왔다.

초고령인이라도 혼자 집에서 일상생활을 할 수 있으면 그나마 다행이다. 20년 전에는 100세인 중 독거노인의 비율이 10퍼센트였으나 구곡순담(구례군, 곡성군, 순창군, 담양군) 같은 농촌 지역마저도 100세인 중 독거 비율이 25퍼센트로 늘었으며 이 비율은 더욱 늘어갈 것이다. 70~80대 노인이 혼자 사는 비율도 증가하는 추세지만 초고령자의 경우 독거 생활이 더욱 쉽지 않아 삶의 질이 크게 떨어질 것이 우려된다.

요양원과 같은 시설이 많아질 수밖에 없으나 문제는 가족들의 태도다. 요양원에 맡긴 후에 부모를 찾아보지 않고 잊고 사는 가족이 의외로 많다는 요양원 담당자들의 말이 씁쓸했다. 10년째 면회를 한번도 오지 않은 가족도 있고, 일이 있어 가족에게 연락하면 서로 다른 형제에게 책임을 전가해 버리는 경우도 많다고 하였다. 그러다 부모가 돌아가신 후 연락하면 달려와 장례식을 요란하게 치르는 것으로 효도했다는 듯한 모습을 보인다며 안타까운 마음을 토로하였다. 요양원 현장에서 들은 이야기들은 현대판 고려장, 아니 오바스테가 바로 이것이구나 하는 생각을 지울 수 없게 하였다.

CHAPTER 9

가족이야말로
초고령 사회의 등불

　　장수인 조사를 하면서 가슴속 깊이 파고드는 숙제는 우리나라 전통문화의 핵심인 효(孝)라는 개념의 현대화다. 조상 대대로 우리 사회를 지켜 왔던 가장 중요한 문화적 바탕인 효 문화가 미래 사회에서도 그 역할을 다할 수 있을까? 부모와 자식, 부부 관계뿐 아니라 형제자매의 관계를 포함한 전반적인 가족 제도에 대한 새로운 윤리 제도의 도입이 절실하게 필요하다. 100세인을 만나면서 그분들을 지켜 준 끈끈하고 헌신적인 가족상을 보면서 인간관계를 장수 요인으로 꼽지 않을 수 없었다.

남성 최고령자 106세 할아버지의 즐거움

　　인천 남동구 주월동 정용수 할아버지를 찾았다. 할아버지는 1899년생으로 인터뷰하였을 당시 만 106세였다. 호적상의 생년월일과 가족 관계나 본인의 기억에 의한 여러 방증이 일치하여 당시 우리나라 남성 최고령자로 보고하였던 분이다.

허름한 아파트 앞에 한 노인이 100세인들에게 드리는 붉은 자줏빛 청려장을 짚고 앉아 있었다. 장수 어르신으로 짐작하고 확인하자 "나요" 하며 허리를 펴고 일어났다. 아파트의 반지하에 위치한 할아버지의 집으로 들어서니 깨끗하고 청량하게 정리된 분위기였다. 할아버지는 차림도 단정하였지만 기억력과 인지 능력이 거의 젊은 사람과 비슷할 정도로 온전하였다.

할아버지를 모시고 사는 81세 아들은 다른 아파트의 경비원으로 일하고 있었고, 며느리는 폐지를 모아 팔아 생계를 유지하고 있었다. 집안 사정이 넉넉하지 않지만 가족의 따뜻한 분위기가 느껴졌다. 며느리는 밖에서 일하다가도 식사 때가 되면 반드시 집으로 돌아와 시아버지의 식사를 차려 드렸다. 힘든 점을 묻자 며느리는 미소를 지으며 도리어 시아버지가 배려를 잘해 준다고 칭찬하였다.

할아버지가 빗자루를 들고 아파트 주변 청소도 하고 살림이나 공과금 서류철 관리도 직접 한다는 말을 듣고 믿기지 않을 지경이었다. 무려 106세인데 말이다! 실내가 깨끗한 것도 할아버지가 날마다 청소한 결과였다. 할아버지의 건강 상태는 거의 정상이었으며 심장 기능, 폐 기능, 골관절 기능이 모두 온전하였다. 원래 술은 전혀 들지 않았고, 담배는 즐겼지만 증손녀가 담배 냄새가 싫다고 한 날부터 끊어 버렸을 정도로 단호한 면모도 있었다.

할아버지에게 무엇이 가장 즐거운 일이냐고 여쭙자 "가족들이 모여 법석대는 것이 좋아"라며 가족과 함께 어울리는 즐거움을 최고로 여겼다. 주말이면 으레 손자와 증손자들이 오는데 할아버지는 그러한 분위기를 제일 좋아하였다. 나이가 많이 들고 경제 형편은 넉넉하지 않아도 온 가족들이 모여 웃고 어울리는 분위기에서 우리나라 최고 장수가 결정되는 것을 보며 뿌듯함을 느꼈다.

손자며느리가 모시는 직계가족 100명 할머니

경상북도 영주시 휴천동에서 만난 100세인 강부여 할머니는 백수연을 할 때 모인 직계가족만 해도 100명이 넘을 만큼 다복한 분이었다. 자신이 손수 빨래하고, 4층 계단을 오르락내리락할 만큼 건강하였다.

할머니를 모시고 사는 가족은 손자 내외였다. 아들 내외가 돌아가신 후부터 손자 내외가 모신다는데 할머니와 손자며느리의 관계가 특별하였다. 손자며느리의 안내로 방으로 들어서자 할머니의 표정이 환하게 밝아졌다. 조사 도중 할머니는 조금이라도 미심하면 "손부야" 하고 찾고 손자며느리는 "네" 하며 공손하게 답하는 모습이 참 보기 좋은 가족이었다. 손자며느리를 바라보는 시할머니의 표정에서도 따뜻한 훈기를 느낄 수 있었다.

고령 사회의 가장 큰 문제는 나이가 많은 분들이 어떻게 젊은 사람들과 어울릴 것이며, 어떻게 하면 거부감 없이 함께 살아갈 수 있을까 하는 것이다. 이 문제에 대하여 이 할머니와 손자며느리와의 관계는 좋은 해답을 줄 수 있을 것 같았다.

　시할머니를 모시고 사는 것을 칭찬하면서 어려움이 없는지 묻자 손자며느리는 장손과 결혼해서 시부모를 모셨고, 지금도 시할머니를 모시고 살아온 세월이 35년을 넘었다고 하였다. 그동안 힘든 일이 많았음을 손자며느리는 숨기지 않았다. 하지만 "나는 일꾼이여"라고 말하는 손자며느리의 표정이 밝았다. 집안의 맏며느리로서 온갖 일을 겪어 내었지만 집안을 나름대로 자리 잡게 한 것에 대한 자긍심이었다.

아흔 살 누이가 보살피는 백 살 오빠

　경상남도 의령군 지정면 마산마을에 사는 100세인 이기룡 할아버지를 찾았다. 탁 트인 위치에 자리 잡은 할아버지 댁은 경제적으로 여유가 있어 보였다. 할아버지는 혼자 살고 있었다. 자식들은 도회지로 떠나 당신 혼자 살고 있다고 오히려 자랑하면서, 여기가 좋기 때문에 이곳에 산다고 하였다.

　집 안이 워낙 깔끔해서 어떻게 혼자 살면서 이렇게 정갈하게 생활할 수 있을까 의문이 들었다. 100세 넘어 혼자 사는 할아버지를 만나기가 드물기도 하지만, 남성 독거노인은 생활 환경이 형편없기 마련이었다. 강원도에서 만난 독거 할아버지의 경우 너무도 지저분한 환경에서 살고 있었기 때문에 남성 독거노인의 생활에 대한 우려가 컸던 차였다. 할아버지는 아들, 며느리, 딸, 손자들이 당번을 맡아 매주 돌아가며 찾아와 음식이나 빨래, 청소를 다 해 주어 집이 이토록 깨끗하고 차림새가 남다르다고 자랑하였다. 직접 모시고 살지 못하더라도 자식들이 정기적으로 와서 살피고 정서적 관계를 유지하니 좋아 보였다.

그렇지만 노인이 혼자 거주할 때 불안한 점은 분명 있었다. 만일에 무슨 변고라도 나면 어쩌나 하는 우려다. 조사 도중에 할머니 한 분이 나타났다. 이웃에 사는 누이동생이었다. 할머니도 나이가 90세인데 오빠인 이기룡 할아버지 댁에 낯선 사람들이 들어가는 것을 보고 쫓아온 것이었다. 누이 할머니는 하루 몇 차례씩 오빠의 집을 드나들며 보살피고 있었다. 할아버지는 부인과 사별하고 자식들도 다 떠나 있지만 누이동생이 가까이 있어서 보다 편하게 마음을 놓고 살 수 있었다.

오빠보다 아직은 젊은(?), 그러나 90세가 넘은 누이동생이 더 나이든 100세 오빠를 보살피는 모습은 그림만 같았다. 오빠 집에 여러 명의 사람들이 들어가는 것을 보고 이상해서 쫓아 왔다는 누이 할머니의 말을 들으며, 수시로 관심 갖고 챙기는 오누이 정을 느낄 수 있었다.

자질구레한 살림살이 문제는 자식들이 챙겨 주지만, 가까이에 누이의 따뜻한 손길이 있다는 것은 다행한 일이 아닐 수 없었다. 나이든 분들에게 독립적인 생활을 보장하되 특별한 상황에 도움을 받을 수 있는 시스템이 필요하다는 것을 보여 주는 사례였다.

위 4대, 아래 4대, 최장수 집안

예부터 장수 집안을 정의하는 표현 중에 '위 4대 아래 4대 집안'이라는 말이 있다. 태어나서 위로 아버지, 할아버지, 증조할아버지와 함께 살았고, 죽기 전에 아래로 아들, 손자, 증손자까지 함께 산다는 표현으로 진정한 장수 집안을 일컫는 말이다. 하지만 실제로 이러한 집안을 만나기란 쉽지 않다.

전라남도 곡성군 겸면 의암리를 찾았다. 마을 어귀 선바위에 "장수(長壽)의 터 봉현(鳳峴)"이라고 새겨 있는 마을이었다. 동네 입구 길목에 도로공사를 하고 있어 조사팀의 버스가 들어가지 못해 난망해 하고 있는데, 연락받은 이장이 픽업트럭을 타고 마중을 나왔다. 그런데 놀랍게도 우리가 만나려는 99세 공말례 할머니와 함께 나왔다.

할머니는 정정하고 허리도 꼿꼿하였을 뿐 아니라 농담하는 여유까지 있었다. 흥이 많은 분이라 하여 노래 한 곡을 청하였다. 그러자 "서울에서 왔다니까 내가 대접으로 해 주네" 하면서 망설임 없이 〈명사십리〉를 여유있게 불렀다.

명사십리 해당화야 꽃 진다고 서러워 마라
명년 삼월에 봄이 오면 너는 다시 피련만

우리 인생 한번 가면 다시 오기 어려워라
빈손으로 나왔다가 빈손 들고 가는 인생

어디에서 왔으며 어디로 가는가
한조각 뜬구름이 모였다 흩어지는 것

풀잎에 이슬이라 공수래공수거
물위에 거품이라 일장춘몽 꿈이로다

　할머니의 가계 조사를 하다 보니 할머니의 부모님도 모두 86세, 87세까지 사셨다고 했다. 같은 마을에 거주하는 세 명의 남동생이 92세, 89세, 83세로 건강하게 살고 있었다.

　마을은 공씨 집안의 집성촌이지만 특히 할머니의 가계가 장수 집안이었다. 바로 이들 형제들이 위 4대 아래 4대 장수 집안의 주인공이었다. 이미 이 형제들도 모두 증손자를 보았고, 당신들의 선대로는 증조부까지 보았던 것이다. 우리나라의 대표적 장수 집안을 찾은 것 같았다. 장수인을 조사하다 보면 어려서 증조부를 보았다는 분은 거의 없고, 대부분 조부모 대에 그치고는 했다. 이와 같이 가족이 위아래 대대로 장수할 수 있다는 것은 특별한 축복이 아닐 수 없다.

　더욱 감탄한 것은 형제자매 관계였다. 누나인 공 할머니가 매일 동생들 집을 방문하면서 누워 있는 큰 남동생 다리도 만져 주고, 다른 동생에게는 "살이 좀 쪘네" 하며 건강 걱정도 해 주고 있었다. 할머니보다 젊은 동생들이 늙은 누님을 찾아오는 것이 아니라, 늙은 누님이 동생들을 찾아가 위로하고 격려하고 있었다. 나이가 들어도 변함없는 오누이의 정이었다. 처음 공 할머니를 방문하고 4년 뒤에 다시 찾아갔다. 그때는 할머니가 103세로 기력은 조금 떨어졌으나 여전히 건강하였다. 그러나 바로 아래 두 남동생들은 그 사이 돌아가셨다는 소식을 듣게 되었다.

백 살이 넘도록 장수하신 분들을 만나서 "누가 가장 보고 싶은가?"라는 질문을 던져 보면 100세 장수인의 가족 관계를 엿보게 된다. 100세가 되면 대부분 이미 상당수의 가족을 먼저 떠나보냈거나, 질병이나 사고 또는 전쟁과 같은 역사적 사건으로 가족과 생이별하였기 때문이다. 우리나라 100세인의 경우에는 대부분 평생을 함께한 배우자보다도 오히려 자식들, 특히 큰아들에 대한 그리움이 사무쳐 있었다.

초고령 사회에서는 가족이 가지는 의미가 특별할 수밖에 없다. 연로한 어머니가 잠을 주무시다가 무슨 일이 일어나지 않을까 걱정이 되어 20년째 어머니를 한방에서 모시고 잤다는 아들 내외의 효도, 시할머니를 극진하게 모시는 손자며느리의 지극한 정성, 혼자 있는 100세 오빠를 매일 살피는 90세가 넘은 여동생을 보면서 가족이란 무엇일까 그 의미와 가치를 되새겨 보지 않을 수 없었다. 아버지, 어머니, 할머니, 할아버지, 동생, 오빠 등 가족을 부르는 호칭이 주는 따뜻함이 초고령 사회의 등불이면서 삶의 바탕을 이루는 본질이 아닐까 생각해 본다.

CHAPTER 10

20년 동안 장수 패턴이
얼마나 달라졌나?

처음 100세인 조사를 시작한 20년 전만 해도 우리나라 전통적 가족 제도가 엄정했고, 효 시스템이 효용적으로 이어지고 있었다. 그때 당시만 해도 장남과 맏며느리가 시아버지나 시어머니 또는 시할머니, 시할아버지까지 보통 40~50년 이상 모시고 사는 것이 당연하였다. 그러나 지난 20년 사이에 상황이 많이 바뀌었다. 아들과 딸 구별 없이 동등한 상속 제도가 시행된 이후 사회 전반에 많은 변화가 나타났다. 가족 관계와 노인 부양 문제도 예외가 아니었다.

달라진 100세인 부양 풍속도

불볕더위가 유난했던 여름, 20년 만에 구곡순담 장수벨트 지역을 중심으로 100세인 조사를 재개했다. 20년 동안 장수 패턴이 어떻게 달라졌을까에 대한 답을 찾기 위해서였다. 조사 결과 실제로 풍속도가 바뀌었음을 여실히 볼 수 있었다.

우리나라 대표적인 농촌 사회인 구곡순담에서도 100세인 부양 패턴의 변화는 현격했다. 100세인 중 독거노인의 비율이 20년 전에는 10퍼센트 정도에 불과했는데 20년 사이에 25퍼센트로 증가하였다. 요양 시설에 입주한 비율도 5퍼센트에서 20퍼센트로 증가하였다. 또 다른 흥미로운 점은 딸이 부모를 모시는 비율이 5퍼센트 정도에서 20퍼센트까지 증가한 사실이다. 과거에는 100세인을 모시는 딸도 미안해하고, 100세인은 딸집에 얹혀산다고 미안해하였다. 그러나 이제는 딸집에 살면서도 당당하였고, 딸도 먼저 나서서 모시는 경우를 쉽게 볼 수 있었다. 부모 봉양에서 아들 중심, 특히 장남 중심으로 내려오던 전통이 이제는 사라지고 있었다.

부모 봉양의 주체가 사라지고, 자식들 중에서 형편이 조금이라도 나은 사람이 모시거나, 형제가 돌아가며 모시거나, 그것도 여의치 못하면 요양원으로 모시는 것이 사회적으로 일반적인 분위기가 되고 있다.

제주도의 독특한 노인 부양 관습

20년 전 1차 100세인 조사에서 가족 관계의 유형이 다른 지역과 크게 차이나는 지역이 제주도였다. 특별히 제주도에서 인터뷰할 때는 통역을 썼는데, 제주도 100세인들의 방언은 거의 알아들을 수가 없었기 때문이다. 제주도는 내륙 지방에 비해 아버지가 다르거나 어머니가 다른 형제자매가 많은 편이었고, 색다른 풍습도 꽤 많았다. 자식이 결혼하면 부모자식이 같은 집에 살면서도 안채와 바깥채로 나누어 생활하면서 일상에서 식사도 같이하지 않는, 별도의 생활을 한다는 것이 특이하였다. 장례식 때는 아들과 딸이 장례비를 공동으로 부담하고, 부친상에는 죽장을 짚고, 모친상에는 머귀나무장을 짚는 것도 생소하였다.

조사하는 입장에서 볼 때 특별한 차이는 100세인의 부양 문제에 있었다. 자신이 팔다리를 쓸 수 있는 한 제주도의 100세인들은 자식에게 의존하는 것을 거부하고 독립적으로 살고자 하는 모습이 신선하였다. 부득이한 경우 자식이 부모를 모시는데, 장자 원칙이 아니라 아들과 딸이 돌아가면서 일정 기간씩 모셨다. 아들이 100세인을 모시는 집은 조사팀이 방문한 43가구 중 단 2가구였다. 그 집의 며느리는 제주도 토박이가 아니라 한 사람은 대구, 다른 사람은 해남 출신이었다. 제주도에서는 맏며느리가 시부모를 모셔야 한다는 의무감이 없는 듯했다.

부모 부양에 대한 제주도의 문화가 조사 당시에는 선뜻 이해가 가지 않았다. 조사팀은 제주도의 이러한 장수 지역 관습 자료가 일반 사회에 상당한 충격을 줄 수 있다고 판단하여 학계 이외에서는 일단 공개하지 않기로 하였다. 따라서 제주도의 장수도가 당시 국내에서 제일 높았음에도 제주도 장수 실태에 대한 언급을 우리 조사팀이 적게 할 수밖에 없었음을 이제 고백한다.

그런데 이제는 제주도의 100세인 부양 관습이 대한민국에서 일반화가 되어 가고 있는 것 같다. 장수인 조사를 하면서 단 20년 만에 우리나라 가족 제도와 노인 부양 시스템이 전환된 것을 보면서 가족 제도에 대한 인식이 얼마나 변화했는지 체감했다. 다만 필자가 유독 안타까웠던 경우는, 누군가 나서서 책임지는 분위기가 아니다 보니 부모 부양을 형제가 서로 떠넘기거나 피하다가 독거노인이 되거나 요양 시설에 들어가는 경우다. 과거에는 자신의 집 또는 장자의 집에서 여생을 보내는 것이 당연하였는데 이제는 노인에게 정해진 집이 없어 방황하는 삶을 살거나 아니면 혼자 살게 되는 경우가 많아진 것이다.

초고령 사회에서 스스로를 책임져야 하는 노인 독립 운동

100세인 조사를 위하여 장수인을 만나게 되면 우리 사회의 여러 가지 과거 관습을 엿볼 수 있다. 이런 전통이 지역마다 강도의 차이가 있기는 하지만, 아직도 양반과 상민이라는 신분에 대한 의식이 강하게 남아 있는 곳이 있었다. 그리고 그런 신분에 따른 처신에 대해서도 강한 집착을 가지고 있다. 특히 집성촌을 이루고 있는 지역에서는 이러한 전통이 강하게 남아 있어 일상생활에서의 불편함을 감수하고 사는 경우도 만나게 된다.

전남 담양군 담양읍 가까이 있는 최씨 집성촌에서 105세 할머니를 만났다. 할머니는 큰손자며느리가 모시고 있었다. 할머니는 기동을 못하고 누워만 있었기에 손자며느리가 혼자 할머니의 대소변을 치우고 식사 수발을 도맡아 하고 있었다. 그러한 손자며느리의 수고에 칭찬의 말을 던졌는데 답이 뜻밖이었다. 동네 사람들에 대한 체면 때문에 복지 서비스를 받지 못하고 스스로 맡아 고생한다는 것이었다. 대대로 최씨 일가가 한 동네에 집성촌을 이루어 살다 보니 서로 돌보고 보살피는 전통이 있기는 하지만, 자식이 있는 경우는 자식들이 노부모를 얼마나 잘 부양하는지 서로들 눈치보고 감시하는 분위기라는 것이다.

이러한 사례는 시골 집성촌에서 흔하게 볼 수 있었다. 집성촌은 이웃 친척들이 함께 살면서 서로를 격려하는 시스템으로 좋은 의미에서 시작했지만, 이제는 서로를 견제하는 사회적 굴레가 되어 강제 효도로 전환되고 있는 것 같아 안타깝기 짝이 없었다. 서로들 체면 때문에 부모를 모실 수밖에 없는 현실을 보는 것 같아 씁쓸하였다.

그러나 이러한 제도적 사회 관습이 가지는 도덕률이 가족을 지키는 데 큰 역할을 하고 있음은 분명해 보였다. 이러한 사회관습 시스템이 없어진다면 그나마 유지되고 있는 가족 제도, 특히 초고령 사회에서 가족 제도의 문제가 어떻게 달라질까 고민해 보게 된다.

시대가 바뀌고 결혼 제도 자체가 흔들리는 모습을 보면서 미래에 대한 우려가 앞서는 것은 어쩔 수 없다. 결혼율도 낮아지고 초혼 연령도 남녀 모두에서 높아지고 출산율이 세계 최저로 낮아지면서 총체적인 인구 감소가 예상된다. 그러나 심각한 것은 아동의 감소 비율과 노인의 증가 비율이 비례적으로 커지면 결국 고령화율이 급속도로 높아질 수밖에 없다는 점이다. 이런 상황에서 노인 부양이 점점 더 가족의 손을 떠나 국가나 지역 사회에 의존하게 될 것임은 불을 보듯 분명하다.

이렇게 변화하는 상황에서 노인은 무엇을 해야 할까? 노년기를 어떻게 살아야 할까? 진지하게 생각해 보지 않을 수 없다. 자식이나 이웃에게 의존하지 않고, 백 살이 넘어도 당당하고 보람 있게 살려면 결국 나 스스로를 책임지는 삶을 살아야 한다. 바로 노인 독립 운동이 필요한 이유다.

100세를 위한 준비 3

나이듦에 대한
인식을 바꾸라

∿ 1
'에이지퀘이크', 공포로 받아들일 것인가?

'에이지퀘이크(Age-quake)'는 '연령(age)'과 '지진(quake)'의 합성어로, 저출산과 급격한 고령화가 불러온 충격을 지진에 비유한 용어다. 영국의 인구학자 폴 월리스가 처음 사용했는데, 에이지퀘이크 현상이 규모 9.0에 달하는 대지진과 유사한 사회적 충격을 줄 수 있다고 말해 큰 이슈를 일으켰다.

현재 대한민국은 전 세계에서 가장 빠른 속도로 인구 고령화가 진행되고 있다. 이르면 2025년에 5명 중 1명이 노인인 초고령화 사회에 진입할 것으로 예상되고 있다.

일반적으로 고령 사회를 우려하는 시각은, 노인이 많아지면 그만큼 부양해야 할 인구가 늘어나고, 생산력은 감소하여 사회경제적 효율성이 떨어지고, 의료비가 폭발적으로 증가한다는 관점에서 제기된다. 과연 이러한 문제점에 대한 해법은 무엇일까?

노화에 대한 선입견을 바꾸면
코페르니쿠스적 전환이 일어난다

노화를 바라보는 학계의 시각도 극히 부정적인 관점이 대부분이다. 생명체의 노화 현상을 정의할 때, 누구나(보편성), 어쩔 수 없이(불가피성), 돌이킬 수 없고(비가역성), 기능이 저하되어(퇴행성) 죽음에 이르는 변화 과정이라고 생각해 왔기 때문이다.

노화에 대한 이러한 결정론적 견해는 생물학적 차원에서의 판단뿐 아니라, 사회적·문화적·정치적 측면에도 그대로 투영되고 있으며, 이러한 관점에서 본다면 결과적으로 미래 사회는 회색빛 장막이 드리워진 암울한 세상일 수밖에 없을 것이다. 그러나 만일 지금까지 인식하여 왔던 기존의 노화에 대한 생물학적 판단이 잘못되었음을 깨닫고, 노화를 새롭게 인식하게 된다면 희망을 발견할 수 있을 것으로 기대하여 본다. 생각이 달라지고, 그에 따라 행동이 달라진다면 고령 사회의 사회적·문화적·정치적 제반 측면에서 코페르니쿠스적인 발상 전환이 일어날 수도 있을 것이다.

나이듦에 대해 다시 생각해 보아야 할 것들

첫째, 나이가 들면 모든 능력이 저하되는가?

80세가 넘어서 위대한 업적을 세운 이들의 사례는 이루 헤아릴 수 없이 많다. 그들은 80세가 넘어 근 100세가 되어서도 맹렬하게 정치를 이끌고, 사회를 지도하고, 예술을 창작하고, 학문을 완성해 나갔다. 그러한 인물들의 공통점은 무엇일까? 바로 열정과 집념이다. 계속해서 추진하는 목표가 있고, 그 일에 완성도를 추구하려는 열정이 공통적인 특성이다. 열정을 가진 사람은 연령과 상관없이 자신의 능력을 발휘하고자 한다.

또한 고령인들의 건강에 대한 태도, 영양, 의료, 사회안전시설, 생활 습관 등이 예전에 비해 크게 호전되고 있다. 30년 전의 70세 이미지와 현재의 70세 이미지를 비교해 보면 건강 상태 및 사회적 참여도, 인간관계의 네트워크 등이 월등하게 개선되어 있음을 알 수 있다. 따라서 노인은 일할 능력이 없다고 보는 것은 장수 고령 사회에서는 잘못된 것임을 보여 준다.

둘째, 나이가 들면 의료비 지출은 폭발적으로 증가하는가?

오래 살면 무엇보다 의료비 지출이 높아질 것을 크게 우려한다. 도호쿠대학교의 사사키 히데타다 교수는 일본의 건강보험 수요 자료를 바탕으로 70대에 사망하는 사람들과 90대에 사망하는 사람들의 의료비 지출을 상호 비교해 본 결과, 사망 연령이 평균 70대인 사람들의 의료비 지출이 사망 연령이 평균 90대인 사람들의 의료비 지출보다 훨씬 더 높았다는 점을 보고하여 학계의 비상한 관심을 끌었다.

수명이 70대인 집단의 주요 사망 원인은 암, 뇌졸중, 심혈관 질환

등과 같은 심각한 질환이 많아, 대부분 장기간 치료가 필요하고 고가의 약제와 의료비를 지불해야 하기 때문이다. 반면 수명이 90대 이상인 경우에는 사망 원인이 간단한 폐렴이나 낙상 등이며, 이러한 질병은 대부분 병원 치료 기간이 길지 않다. 즉, 장수인의 사망 요인은 본질적으로 자연사이기 때문에 의료 중재가 별로 필요하지 않으며, 의료비 지출도 극히 제한되어 있다는 사실이 새롭게 부각되었다. 따라서 장수 사회에서 의료비 지출이 폭발적으로 증가할 것이라는 우려는 오해임이 밝혀진 것이다.

셋째, 고령 사회가 되면서 건강한 고령인의 비율이 증가하고 있다

미국 국립노화연구소에서 수십 년 동안 추진해 온 노화종적관찰 연구를 통하여 나온 놀라운 사실은, 고령 사회에서의 질병 이환 환자의 증가가 예상치보다 현저하게 낮아진다는 결과다. 고령자가 증가하면 해당 연령에서 질병을 가진 환자의 숫자가 비례적으로 증가될 것으로 예측되어 왔는데 실제 현상은 그렇지 않았던 것이다. 초고령 연령층에서 고혈압, 당뇨, 심혈관 질환 또는 인지 장애 등의 발생률이 예상했던 숫자보다 적었다.

즉, 질병 이환율이 고령 사회로 가면서 인구 증가에 따라 일정한 비율로 증가되는 것이 아니라, 질병 발생이 삶의 최종 단계에서만 나타나거나 그 빈도가 오히려 유의미하게 줄어든다는 현상이다. 질병 이환이 압축되는 현상은 고령 사회가 진행되면서 현저하게 나타난다. 인구 고령화가 증가되면서 질병 이환율이 비례적으로 증가할 것이라는 예측은 오해임이 밝혀졌다. 미래 장수 사회에는 고령으로 아픈 사람이 많아지고 생활이 불편하고 도움이 필요한 사람이 많아질 것이라는 단순 예측은 잘못된 것이며 보다 건강하고 활발한 고령인의 숫자가 증가할 것이다.

넷째, 과학 기술의 발달은 고령인의 생체 기능 유지에 크게 기여할 것이다

바이오 과학, 나노 과학, 컴퓨터 과학, 재료 과학, 환경생태 과학, 식품 과학, 의학을 비롯한 과학 기술의 발달 속도는 상상을 불허할 정도로 빠르게 진행되고 있다. 사람은 나이가 들어감에 따라 시각·청각·미각·후각·촉각 등의 감각의 문제는 물론, 각종 퇴행성 질환에 의해 장기의 기능 저하와 통증 문제 등이 초래된다. 이러한 문제들은 보조기, 대체술, 이식술 또는 로봇공학을 이용한 다양한 해결 방안을 통해 해결될 것이다. 이제는 수술에도 3D 프린팅 기술이 활용되는 등 큰 변화가 이루어지고 있어, 건강 상태, 온전한 생체 기능의 조건을 유지하는 데 크게 기여할 것이다.

노화에 대한 대응으로 바꾸기 대신 고치기 원칙 등장

노화 현상에 대한 새로운 과학적 해석은 기존의 고령 사회에 대한 개념을 크게 바꾸는 계기가 될 것이다. 노화 현상은 돌이킬 수 없다는 비가역성과 필연성을 바탕으로 한 과거의 노화에 대한 연구에서는 단 한 가지 대응 방법을 도출할 수밖에 없었다. 즉, 바꾸기 원칙(Replace principle)이다. 노화 문제를 해결하기 위해서는 유전자도 바꾸고, 세포도 바꾸고, 장기도 바꾸고, 사람도 바꾸어야 하며, 시스템과 사회도 바꾸어야만 한다는 것이었다.

그러나 노화에 대한 새로운 과학적 인식은 이러한 사고방식에 근본적인 문제를 제기한다. 노화하였다고 버리거나 바꾸지 말고 고쳐나갈 것을 강력하게 제안하는 것이다. 고치기 원칙(Restore principle)의 새로운 등장이다. 생체를 구성하는 기본 구조인 세포를 바꾸지 않고 고칠 수 있다는 연구 결과는 궁극적으로 세포들의 집단인 생체의 복원 가능성을 시사한다. 고치는 노력을 통한 생체 복원으로, 노화로 인한 절망적인 포기가 아닌 변화에 대한 수용의 태도가 중요하다는 생각의 전환이 필요한 때이다.

⟫ 2
존엄한 노화를 위한
인식과 행동 개혁

　　미래 고령 사회를 보다 희망적으로 받아들이기 위해서는 어떠한 방안이 시급할까? 논의에 있어서 중요한 전제 조건은 나이가 들어도 인간은 고유한 가치를 가지는 존엄한 존재라는 것이다.

　　노인 인권, 노인 우대 등의 용어가 범람하면서도, 사회 전반에는 고령자가 나이가 들었다는 이유만으로 현장에서 물러나야 하고, 은퇴해야 하며, 그 대신 적절하게 부양해 주겠다는 정도의 인식이 깔려 있다. 이러한 사고는 일반인뿐 아니라 정책 입안자들도 마찬가지여서 실제로 추진되고 있는 사회 정책들은 이러한 기조에서 벗어나지 못하고 있다.

　　건강하게 오래 사는 사회를 만들기 위해 바뀌어야 할 것은 인간의 존엄성을 생의 마지막 순간까지 유지하는 데 있다. 이러한 목적을 위하여 노화 인식 전환의 두 요소인 개체의 복원과 환경의 변화라는 점에서 실천적 행동의 전환 방안을 강구해 보자.

변화의 수용과 적극적인 노력 필요

고령자들에게는 건강의 유지와 능력의 함양, 관계의 확대, 능동적 사회 참여가 필요하다. 이러한 개인의 노력과 동시에 사회적 노력이 병행되어야 한다. 고령화에 따른 신체 기능의 저하는 첨단 의공학적 기술에 의하여 크게 개선될 수 있다. 따라서 개인과 사회의 노력이 병행되면 연령에 의한 신체 기능적 차별을 제거할 수 있게 될 것이다.

개인의 능력을 함양하기 위해서는 나이에 상관없이 노력해야 한다. 아무리 나이가 들어도 자신의 생각과 생활을 적극적으로 개선해 나가려는 노력을 기울여야 한다. 세상의 변화를 수용하고, 적극적으로 생각하고 느끼고 움직이는 생활을 유지하는 것이 중요하다. 나이를 탓하며 새로운 도전이나 관계를 회피하거나 거부하여서는 안 된다. 연령차별적 문화는 일차적으로 받아들이는 사람들의 편견에서 비롯된다. 노화의 특징인 자기 보호 및 외부 수용을 거부하는 현상을 극복하여, 다양한 문화를 받아들이고 보다 많은 사람과 교류하려는 노력이 필요하다.

따라서 고령인 스스로 적극적인 의지를 갖는 것이 중요하다. 개방적인 사고를 가지고 노화로 인한 불편을 극복하고자 노력해야 한다. 이웃과 친구와의 관계 증진을 위한 적극적인 노력이 필요하고 사회적 활동도 강화해야 한다. 각종 행사, 봉사 활동에 적극적으로 참여해야 한다. 자신이 참여할 수 있는 기회가 저절로 주어지기까지 피동적인 자세로 기다리는 대신, 오랜 경험과 경륜을 바탕으로 보다 능동적으로 참여의 기회를 만들어 가야 한다.

봉사하는 삶이 존엄성을 유지시킨다

고령 사회에 필요한 환경 변화의 핵심은 안전한 의료 체계의 구축, 장수 문화의 뿌리내림, 새로운 인생을 위한 교육 기회의 제공 등에 있다. 시간적·공간적 문제를 극복한 안전한 의료 체계 구축은 장수 사회의 충분조건 중 하나다. 장애가 없는 의료, 와상 환자(장기간 누워서 치료받는 환자—편집자)가 없는 의료, 삶의 질을 추구할 수 있는 의료가 보장되어야 한다.

건강한 장수 문화를 만들기 위해서는 연령에 상관없이 누구나 어울릴 수 있는 사회가 구현되어야 한다. 연령 차별이 없는 기회가 더 많이 제공되어야 하며, 고령인 서로는 물론 고령인과 청년이 어울리는 열린 공간의 구축이 필요하다. 노인들의 고립성이나 고독감을 해결하기 위한 사회문화적 시스템이 만들어진다면, 고령인들이 더욱 활발하고 적극적으로 사회에 참여하게 될 것이다. 이러한 문화적 체계의 정비는 노인들의 삶의 질 향상에 매우 시급한 사안이다. 삶의 마지막 순간까지 삶의 질을 구가하고 인간으로서의 존엄성을 유지하도록 하는 것이 장수 문화다.

새로운 삶을 개척하도록 지원해 주는 노인을 위한 새로운 교육 체계가 수립되어야 한다. 고령인에 대한 미래지향적인 교육 체계를 효율적으로 구축하고 보편화한다면 고령인의 삶은 새롭고 다양해질 것이다. 노인을 위한 제3기 인생 대학과 같은 자발적인 참여를 유도하는 교육은 물론, 제도권이나 각종 NGO에서 다양하면서도 체계적인 교육 기회를 제공한다면 고령 사회의 환경이 개선되고 사회 참여에도 도움이 될 것이다.

노인들이 과거에 집착하는 것은 현재 하는 일이 없거나 새로운 흥미 요소가 없기 때문이다. 사회적으로는 고령자들이 일할 수 있는 기회를 적극적으로 제공해야 할 것이며, 한편 고령인 스스로도 세상의 변화를 수용하고 자신의 생각과 행동도 시대에 맞게 변화할 수 있음을 받아들여야 한다.

나이를 탓하는 대신 사회에 능동적으로 참여하고 봉사하는 삶을 추구해 보자. 개개인이 자존감과 주체성을 갖추게 될 때 인간으로서의 존엄성이 유지될 수 있으며, 보람을 누리게 될 것이다.

🔊 3

도시와 농촌 초고령자들의
다른 삶

초고령자 연구를 시작하면서

필자는 30년 전부터 우리나라가 고령화되어 갈 것이 불 보듯 분명하므로 이에 대비해야 한다고 생각하였다. 노인 실태 조사가 최우선이므로 이를 진행하던 중, 우리나라 초고령자에 대한 조사 연구가 더 시급하다고 생각하여 1990년대 중반부터 이를 준비하면서 방법론의 습득과 공동 연구의 필요성을 절감하였다.

본격적인 연구에 앞서 서울대학교 의과대학 내 체력과학노화연구소에 한국100세인연구센터를 설립하였다. 그리고 이 분야의 선구자격인 일본 연구팀에게 효율적이며 국제표준인 조사 방법을 배우기로 하였다. 오키나와 100세인 연구를 처음 시작한 류큐대학교의 스즈키 마코토 교수를 만나 장수인 연구의 현황과 방법론을 배우고, 일본 100세인 연구의 책임자인 게이오대학교의 히로세 노부요시 교수에게서 초고령자 연구 방법을 전수받았다. 이를 바탕으로 한국의 100세인 연구를 본격적으로 수행하게 되었다.

통계청과 보건복지부 그리고 서울시청 및 지역자치단체를 통하여 100세인의 연락처와 주소를 받았다. 통계청 자료에 따르면 2000년 당시 우리나라 100세인은 2,340명으로 알려져 있었다. 그중 10퍼센트에 해당하는 약 200명 정도를 전국적으로 조사하여 우리나라 100세인 실태를 대변하는 자료로 삼고자 하였다.

전국 220여 개의 자치단체 중 우선 초고령자의 비율이 높은 지역 10곳과 비율이 가장 낮은 지역 10곳을 먼저 조사하고, 마지막에 서울을 따로 조사하기로 정하였다. 2001년부터 본격적으로 현장에 나가기 시작했는데 100세인의 연령을 확인하는 데 어려움이 많았다. 그 당시 우리가 만난 100세인들은 모두 1890년대에 태어나 19세기, 20세기, 21세기까지 3세기에 걸쳐 살아온 분들인데 이분들이 태어난 1890년대는 한말 격동기로 호적 기록이 정확하지 않았다. 그래서 100세인의 연령을 확인하는 것이 우선 중요했고, 그 결과 거의 40퍼센트 이상의 100세인 나이가 잘못되었음을 발견하여 통계청에 수정 권고를 하였다. 이후부터 통계청에서 100세인 통계를 발표할 때는 주민등록번호에 의한 100세가 아닌 반드시 방문조사를 통해 직접 확인하는 절차를 거치게 되었다.

내가 100세인 연구를 하면서 가졌던 중요한 관심사는 크게 두 가지였다. 하나는 나이가 들어가면 분명 신체 기능이 점점 쇠락해져 가는데, 100세까지 장수하는 분들이 생명을 유지할 수 있는 최소한의 신체적 조건이 무엇인가에 대한 생물학적 의문이었다. 백 살을 생명 유지의 한계로 보았고, 그 나이의 건강 상태는 생명을 유지시키기 위한 최소한의 조건만 가지고 있을 것이라는 가정이었다. 그러나 이 가정은 조사 과정 중 수많은 100세인을 만나면서 바로 버릴 수밖에 없었다. 백 살이 넘었는데도 활발한 신체 활동은 물론 지적 활동을 하면서 사는 100세인들을 만났기 때문이다. 100세라는 나이가 생명의 한계가 아닐 뿐 아니라 여전히 건강한 생활을 유지할 수 있는 나이임을 비로소 깨달았다.

두 번째는 100세인의 행복에 대한 자각 인지도였다. 백 살 나이에도 인간으로서 온전한 삶의 질을 견지하고 행복해할까에 대한 사회적·심리적 의문이었다. 백 살이 넘어도 인간으로서 온전한 삶을 살 수 있다면 더할 나위 없는 행복일 것이기에 이 의문은 매우 궁금하였고 중요하였다. 그런데 이는 전국을 조사하는 과정에서 지역에 따라 큰 차이가 있음을 보고 놀라지 않을 수 없었다.

도시와 농촌의 100세인의 삶은 달랐다

100세인 조사를 강원도에서부터 시작하여 경상도, 전라도, 제주도의 순으로 진행하면서 뜻밖에도 지역에 따라 100세인의 삶의 질에 큰 차이가 있음을 보았다. 우선 100세인을 누가 모시고 사는가, 부부가 함께 사는가, 마을 주민들이 상부상조하는가 등에 따라 100세인의 삶의 모습은 확실히 달랐다.

특히 전통 사회의 두레 정신을 잇고 사는 농촌 사회와, 화전민 문화를 가진 산간 지방에 사는 100세인의 생활 모습은 큰 대조를 보였다. 농촌 지역에서 홀로 사는 100세인에게서는 특별한 문제점을 찾을 수 없었던 반면, 산간 지역에서 홀로 사는 100세인은 외롭고 안타까운 환경에서 거주하고 있었다. 전통적으로 이웃 관계가 좋은 지역에 사는 초고령인의 태도는 당당하고 여유로웠으며 오가는 사람들을 따뜻하게 챙겨 주는 모습을 쉽게 볼 수 있었다.

흥미로운 사실은 농촌에 사는 100세인들의 모습도 지역에 따라 차이가 있기는 하지만, 각 가정의 경제적 상황에 의한 문제가 심각하게 제기되는 경우는 별로 없었다. 그런데 이런 농촌 지역에서의 100세인 조사를 마치고 마지막에 대도시, 특히 서울의 100세인 실태를 조사하면서 놀라운 현실을 목격했다.

서울에서 부유하다고 알려진 강남의 두 지역과 비교적 취약층이 많이 거주하는 강북 두 지역의 100세인을 비교·조사하였다. 비교적 부유한 지역을 조사했을 때에는 100세인 중 대학까지 나온 고학력자가 상당수 있었으며, 가족들과 함께 살면서 여유로운 일상을 지내고 있어 문제점을 크게 느낄 수 없었다.

반면 경제적인 면에서 상대적으로 빈곤한 지역의 100세인의 모습은 전혀 달랐다. 이 지역 100세인들은 거의 집 안에 갇혀 지내는 셈이었다. 집 안 구석에 소외되어 있거나, 아파트에 사는 경우 밖에 나가지 못한 채 온종일 이웃은 물론 가족과도 대화 한 마디 없는 폐쇄된 삶을 사는 경우가 많았다. 당연히 건강 조사나 영양 조사에서 좋은 점수가 나올 수 없었다. 한 분 한 분마다 표정 없이 멍한 모습으로 조사팀을 맞아서 매우 안타까웠다.

대도시의 고령화 문제가 농촌 사회와는 너무도 달랐다. 대도시에서는 가족의 경제 상태에 따라 100세인의 모습이 천차만별이었고 삶의 질이 달랐다. 반면 농촌 사회에서는 가족의 경제적 상황에 따라 100세인의 삶의 질이 크게 달라지지 않았다.

도시와 농촌의 100세인 위상의 차이는 이웃과의 관계의 차이에 기인한다고 볼 수 있다. 농촌 사회에서는 지역에 따라 정도의 차이가 있기는 하지만 100세인 삶의 질이 대부분 무난하였기에 조사하는 입장에서도 마음이 편하였는데, 대도시의 상황은 달랐다. 대도시의 경우 이웃과 단절되거나 관계가 소원하다 보니 서로 간에 관심이 없었다. 또한 도시에서 초고령자들이 할 수 있는 일도 없었다. 그러한 상황에서 100세인은 더더욱 외롭고 무미한 삶을 살 수밖에 없었다. 지역 사회 또는 이웃과의 관계가 얼마나 중요한가를 조사 결과가 증명하고 있었다.

세계 최장수 지역 오키나와 100세인의 명암

세계에서 가장 유명한 장수촌으로 알려진 곳은 일본 오키나와다. 이 지역에 대한 장수 조사 보고서는 여러 가지 측면에서 상세하게 기록되어 있으나, 직접 확인하고자 하는 생각으로 찾아 나섰다. 나하공항에 내렸을 때부터 공항 카페테리아에서 돼지고기의 기름 냄새가 매우 강하게 풍겨 왔다. 공항으로 마중 나온 오키나와 학자들은 필자를 만나자마자 장수에 대한 나름의 지론을 장황하게 소개하였다. 도착한 순간부터 코와 귀가 모두 얼얼할 지경이었다.

나는 현장에서 직접 100세 장수인들을 만나 그들의 생활 특성을 살펴보고 싶었다. 류큐대학교 스즈키 교수를 앞세워 오기미촌(大宜味村)이라는 오키나와 최장수 마을을 찾아갔다. 섬을 종단하여 북으로 올라가면서 눈앞을 가로막는 사탕수수밭을 지나고, 산호초로 둘러싸여 파랗고 하얗게 절경을 만들어 내는 바닷가를 따라 북부의 산간 지역으로 찾아들었다.

오기미촌은 세계보건기구(WHO)에서 1995년 세계 최장수 지역이라고 선언하여 더 유명해졌다. 오기미촌의 입구에는 "일본 제일 장수 선언의 마을"이라는 간판이 있고, 옆에 장수 선언 석비가 있었다. 석비 내용은 다음과 같다.

우리 오기미촌 노인은 자연의 혜택으로 식량을 구하고, 전통적 식문화 속에서 장수하며 인생을 구가하고 있다. 80세는 어린아이이며, 90세가 되어 마중 나오면 100세까지 기다리라고 돌려보내라. 우리는 나이 들수록 더욱 의기왕성하여 양양해지고, 늙어서 어리광을 부리지 않는다. 장수를 자랑스럽게 여긴다면 우리 마을로 오라. 자연의 혜택과 장수의 비결을 전수하겠다. 우리 오기미촌 노인들은 여기에 일본 제일의 장수를 높이 선언한다.

마을에 들어서니 60대 중반쯤 되어 보이는 촌장이 우리를 반갑게 맞았다. 그는 오키나와 지역의 옛 왕국인 류큐왕국과 조선왕조 간의 교류를 언급하면서 "한국은 우리 형님 나라"라며 살갑게 대해 주었다.

촌장은 오기미촌의 장수 식품과 마을 사람들의 생활 습관 등에 대해 자랑스럽게 설명했으나, 익히 알려진 이야기들이었다. 그러다가 이곳 장수 노인들이 대부분 혼자 또는 부부 둘이 살고 있고, 자식들은 거의 타지에 살지만 전화를 자주 한다고 설명하는 소리에 귀가 번쩍 뜨였다. 100세 내지 그에 가까운 노인들이 어떻게 혼자 또는 부부만 살 수 있을까? 그들은 어떠한 환경일까? 촌장에게 물었다. "아무리 자식들이 전화를 자주 한다고 해도 그렇게 초고령 노인들이 정상적인 생활을 할 수 있는가?" 촌장의 답은 너무도 간단하였다. "여기에서는 나이가 들어도 자기 일은 반드시 자기가 해야 한다. 따라서 100세가 되어도 당연히 농사도 짓고 가사 활동도 직접 하여야 한다."

나의 의문은 그러한 연세에 어떻게 자식과 떨어져 마음 놓고 살 수 있는가였다. 혹시 무슨 병이라도 들면 누가 보살펴 주는가에 대한 의아심이 높았다. 그런데 답은 명쾌했다. 오키나와 지역에는 과거로부터 '유이마루'라는 상부상조 전통이 있다는 것이다. 간단하게 말하면 필요할 때마다 마을 사람들이 노동력을 제공하는, 서로 돕는 정신이라고 할 수 있다. 이 용어는 사탕수수 수확, 모내기 등의 농사일뿐만 아니라, 집짓기나 무덤 공사, 마을 공공사업과 같은 봉사활동 등을 포함해 폭넓게 사용되고 있다. 이웃 간에 서로 협조하여 난관을 극복해 나가는 이 전통은 우리나라의 두레 정신과 매우 흡사했다. 자식들이 직접 모시지 않더라도 노인들이 걱정하지 않고 살 수 있는 것은 이웃이 있기 때문이었다.

오키나와는 기후가 온화하기 때문에 창문을 열고 생활하는 지역이다. 밤에는 창문을 닫고 자지만 아침에는 일어나는 대로 창문을 연다. 따라서 아침에 창문이 열려 있지 않은 집은 무엇인가 문제가 있는 것으로 알고 서로 찾아가 보살피고 도와주는 관습이 있다. 서로가 서로의 안전을 돌보는 이웃 사랑 시스템을 가지고 있기 때문에 나이가 들어서 혼자 살더라도 큰 걱정 없이 지역민들과 함께 살아갈 수 있었다.

이밖에도 오키니와 장수의 또 다른 요인으로는 사람들이 충분한 햇볕을 받는 것을 들 수 있다. 텃밭을 가꾸는 등 대부분 독립적인 생활을 해 나가는 오키나와 노인들은 날마다 햇볕을 충분히 받는다. 햇볕을 충분히 쬐면 우리 몸에 비타민 D가 생성되고, 이렇게 생성된 비타민 D는 면역 체계와 혈압과 세포 성장에 주요한 역할을 담당한다.

오키나와는 여전히 장수 지역으로 알려져 있지만, 지금의 오키나와는 위기에 직면해 있다. 서구의 음식 문화가 밀려들면서 오키나와의 장수 문화가 사라지기 시작한 것이다. 콜라, 햄버거 등의 패스트푸드와 통조림 캔 등으로 인해 오키나와 주민들에게는 당뇨병과 같은 비만과 관련된 질병이 급격히 증가하고 있다. 오키나와 남성은 과거 일본 내 장수의 선두주자였지만, 현재는 중간 정도로 떨어졌다.

오키나와의 남성들은 더 이상 장수의 본보기가 아니며, 오키나와의 장수 문화를 이끌었던 과거의 좋은 행동 양식은 이제 70세 이상의 여성들에게만 남아 있다.

장수 마을로서 오키나와의 명암은 장수가 유전보다는 식습관과 행동 양식에 달려 있음을 보여 준다. 질병 없이 오래 살고자 한다면 건강한 식습관과 행동 양식을 택하고 실천하는 것이 무엇보다 중요하다.

우리나라의 도시와 농촌, 그리고 세계적인 장수 마을 오키나와의 장수인을 조사한 결과는 100세 시대를 살아가는 데 있어 함께 어울려 사는 삶에 대한 중요성을 보여 준다. 100세인들이 이웃과 어울려 살지 못하게 되면 모든 일상을 가족이 직접 도와야만 하는데, 핵가족화되어 가족의 유대가 희박해지고 이웃과의 관계도 소홀해진 오늘날에는 이를 대신할 해결책이 무엇일까 생각해 보지 않을 수 없다. 결국 이 모든 것을 국가와 지역 사회에 의존할 수밖에 없는가? 다른 대안은 없는가? 단순히 경제적 지원만으로 눈앞에 닥친 고령 사회가 온전하게 유지될 수 있을지 걱정이 크게 앞선다.

초고령 사회로 진행될 수밖에 없는 현실에서 이러한 문제를 극복하기 위한 최선의 방안은 결국 이웃과의 관계를 증대하여 상부상조를 통한 문제 해결이 가장 우선되어야 한다고 본다.

언제나 현재에
충실한 삶

생명 현상을 가능하게 하는 항존성

생명체가 아름다운 것은 살아 있기 때문이다. 살아 있다는 것에는
몇 가지 특정 요소가 따른다. 항상 움직이되 제 의지대로 움직이며
상황에 맞게 언제나 변화한다는 점, 자신과 같은 또 다른 생명체를
만들기 위해 모든 노력을 기울인다는 점, 자신의 생명을 지키기 위
해 최선을 다한다는 점 등이다.

이러한 생명 현상은 우리 몸에서 매우 정교하고 한 치의 오차도
허용되지 않는 완벽한 장치에 의해 가동된다. 이를 위해 생명 현상
의 근간인 생체 분자들은 서로 돕고 전체를 위해 자신을 죽이며 새
롭게 거듭나는 미덕을 갖추고 있다. 바로 이것이 생명이며 우리가
그려 나가야 할 진정한 삶의 모습이다.

우리 몸은 환경의 변화를 극복하고 생체를 온전하게 유지하여 각
기관이 원활하게 유지될 수 있도록 하는 '항존성(homeostasis)'이라는
중요한 생리 기능을 가지고 있다. 항존성은 아무리 심한 환경적 위해

요인 속에서도 생체 내부의 상태는 항상 일정하게 유지하려는 속성이다. 체온, 혈중 산성도, 혈당, 인체 유지 체기압 등이 어떤 외부 환경의 변화에도 일정하게 맞추어져 있어야만 한다.

아무리 외부의 온도가 높거나 낮더라도 상관없이 체온은 36.5도를 지켜야만 하고, 아무리 과식하거나 금식하더라도 기본 혈당은 90mg/dL를 유지해야 한다. 아무리 몸의 대사적 조건이 변하더라도 혈중 산성도는 반드시 pH 7.4를 지켜야 하며, 생체를 지키는 기압 조건은 1기압 상태를 유지해야만 한다.

이러한 생리적 안정 시스템은 우리 몸을 언제나 일정한 상태로 유지시켜 어떤 환경 변화에도 생명을 온전하게 유지하고 보존하는 중요한 대응 방안이다. 생명은 이처럼 어떤 상황에서도 적절하게 중용을 지키는 특별한 성질을 가진다. 100년 인생을 살아가게 되면 우리는 수많은 변화와 환경에 노출될 수밖에 없다. 그때마다 우리를 지켜 주는 것이 바로 이 항존성이다.

생명 현상에서는 결코 어제의 영광이 오늘도 지속되지 않는다. 젊었을 때 건강했다고 해서 늙어서도 그렇다고 누가 장담하겠는가. 한때의 부귀영화가 훗날까지 이어지는 경우가 드물듯이 건강도 마찬가지다.

그러니 우리가 집중해야 하는 것은 언제나 '현재'다. 과거에 집착하는 사람일수록 현재의 삶에 만족하는 정도가 낮다.

생명체의 가장 본질적인 명제, 삶과 죽음

의과대학에 근무하면서 질병으로 인해 죽어 가는 사람들을 수도 없이 보았는데, 그럴 때마다 '죽음'에 대해 참 많은 생각을 하게 된다. 삶과 죽음은 생명체에서 가장 본질적인 명제이며 의미다. 그러니 죽음마저도 인생의 한 부분이며, 사는 동안 최선을 다해 살아내야 하듯이 떠날 때도 잘 떠날 수 있어야 한다.

우리의 생체를 구성하는 세포들은 이미 예정되어 있는 죽음을 맞이하는 운명을 가지고 있다. 이런 예정사(豫定死)는 마치 가을 낙엽이 지듯 조직에서 사라져 간다는 뜻에서 세포 사멸, 즉 '아폽토시스(Apoptosis)'라고 부른다.

이 아폽토시스를 연구하는 과정에서 세포가 일정한 수순에 따라 죽도록 유도하는 신호 체계 또는 유전자의 존재가 자연스럽게 거론되었고, 그 존재가 일부 확인되어 '세포 사멸 유전자군'이라는 이름으로 총칭된다.

생체 세포 내에는 이처럼 세포가 죽을 수밖에 없는, 또는 죽도록 유도하는 고유의 프로그램이 있다. 세포는 살아가기 위한 정보를 갖출 뿐 아니라 죽기 위해서도 예정된 길을 택해야만 하는 숙명을 갖는 것이다. 따라서 생체는 살기 위한 목적의 존재라기보다는 삶과 죽음을 모두 목적으로 하는 이율배반적이고 모순적인 존재임을 직시해야 한다.

하루하루 최대치의 인생 살기

　보통 사람들과 비교했을 때 시간적 혜택을 많이 받은 100세인들은 죽음을 어떻게 생각할까? 100년이라는 긴 세월을 살다 보면 삶에 싫증이 나기도 하고, 더러는 함께 산 사람이 지겹게 느껴질 것이라고 생각했다.

　그러나 내가 만난 100세인들은 여전히 삶에 대한 성실함과 가족에 대한 애틋함을 품고 있었다. 그러면서도 죽음에 대해서는 매우 담담한 태도를 보였다. 그들은 마치 해가 뜨면 아침이 찾아오고 달이 뜨면 밤이 오듯 죽음을 지극히 당연한 것으로 자연스럽게 받아들인다. 평생을 성실하게 최선을 다해 살았으니 아쉬울 것도 없고 여한도 없는 듯했다. 그래서 언제든 당황하지 않고 떠날 준비를 하면서 살고 있었다.

　누구에게나 반드시 찾아오는 죽음, 어떻게 100세인들처럼 겸허하고 담담하게 죽음을 맞이할 수 있을까? 여기에는 준비가 필요하다. 그 준비는 눈앞에 닥쳐서 허겁지겁할 수 있는 것이 아니다. 100세인의 삶에서 보았듯 여한이 없도록, 미련이 남지 않도록 하루하루 최대치의 인생을 사는 것, 그것이 바로 두려움 없이 담담하게 죽음을 맞이하는 마지막 준비 과정이다.

노인 독립 운동을 기대한다

나는 노화 연구를 시작하면서부터 늙으면 몸과 마음이 약해지고 결국 죽는다라는 명제에 대하여 도전하였다. 의생명과학도로서 생명의 이치를 밝혀야 하는 입장에서 같은 질문을 지난 30년간 던져 왔다. 왜 늙는가? 늙으면 왜 약해져야만 하는가? 늙으면 왜 죽어야 하는가?

생체의 기본 단위인 세포의 노화 연구로부터 시작하여 동물 실험으로 확대하였고, 결국 인간의 연령에 따른 변화를 추적하는 노화종적관찰연구로 이어지게 되었다. 이런 연구를 추진해 오는 과정에서도 나는 노화의 결정론적 사고에서 벗어날 수 없었다. 그래서 질문을 바꾸었다. 어떻든 인간이 죽게 되어 있다면 생의 마지막 단계에서 인간이 생명을 유지하기 위한 최소한의 조건은 무엇인가?

그래서 생의 마지막 모습을 연구하기 위해 설정한 대상이 100세인이었다. 백 살 정도 사신 분들은 삶의 마지막 단계에 있기 때문에 당연히 처참한 상태일 것으로 추정하면서 100세인 조사를 하였다. 결과는 나에게 하늘과 땅이 놀랄 만한 충격을 주었다. 백 살이 넘었는데도 당당하고 건강한 분들을 수없이 만나게 된 것이다. 그것은 바로 '세렌디피티(serendipity, 뜻밖의 발견)'였다.

100세인들은 백 살이 넘었어도 인간다운 인간으로서 필요한 규범인 인의예지의 사단(四端)을 지키고 희로애락애오욕의 칠정(七情)을 여과없이 발산하고 있었다. 그동안 가져 왔던 노인에 대한 편견이 얼마나 어리석었는가를 깨닫게 했다. 그뿐만이 아니었다. 백 살이 되었어도 여전히 공부하고, 자기계발에 열중하며, 기업을 운영하고, 젊은이 못지않은 봉사활동을 하는 모습들을 보게 되었다. 백 살이 넘었어도 홀로 당당하게 살고 있는 분들도 만났다. 백 살이 넘은 분들이 개인적으로나 사회적으로도 당당하게 사는 모습을 보면서 늙음의 의미를 다시 되새기게 되었다. 이분들은 생의 마지막 단계에 있는 것이 아니라 아직도 피가 끓는 젊음의 열기와 욕망을 가지고 있음을 알았다.

이러한 100세인들의 모습을 보면서 늙음이 얼마나 거룩한 일인가 자연스레 깨달아졌다. 기존에 주창되어 온 건강한 노화, 생산적 노화, 활동적 노화, 성공적 노화라는 개념을 넘어서서 이제는 늙음의 거룩한 모습을 보면서 '거룩한 노화(Holy Aging)'라는 개념을 추가하고 싶었다. 성경에서도 "백발은 영화로운 면류관이니, 의로운 길을 걸어야 그것을 얻는다"(잠언 16장 31절)라고 하였다. 올바른 삶으로 얻은 늙음은 영예로운 왕관임을 지적하였다.

영어로 'aging'을 번역할 때 '나이듦'이라고 번역하지만 실제로는 그 의미가 '자람'과 '늙음'으로 나누어진다. 나이가 들면 들수록 더 좋아지고 더 커지고 더 많아져 가면 자란다고 한다. 반면 나이가 들수록 더 나빠지고 더 작아지고 더 줄어들면 늙는다고 한다. 왜 언제까지는 자람이고, 언제부터는 늙음이 되는가? 자람의 시기에는 자신의 선택을 통해서 노력을 기울이지만 늙음의 시기에는 선택하지 못하고 피동적으로 밀려 나기 때문이다.

그래서 자람과 늙음의 차이는 선택에 있다고 보아야 한다. 내 의지에 의해 주어진 상황에 당당한 선택을 내리고 그에 대한 책임을 지겠다는 자세로 나아간다면 우리는 계속해서 자라는 것이다.

나이듦이 무제한 자람으로 생각되는 세상을 꿈꾸어 본다. 아무리 나이가 들어도 내 스스로 선택하여 책임지는 삶, 그것은 바로 독립 정신을 필요로 한다. 거룩한 생명을 거룩한 나이듦으로 지켜 가야 한다. 그러기 위해서는 나이든 사람들이 스스로 당당하게 일어나야 한다. 나이 탓하지 말고, 남의 탓하지 말고, '하자' '주자' '배우자'의 의지로 자신을 책임지는 노인 독립 운동을 추구하여야 할 때다. 단순 수명 연장 시대가 아니고, 필자가 일찍이 주장하였던 진정한 '기능적 장수(Functional Longevity)' 시대가 이미 가까이 와 있다. 기능적 장수와 노인 독립 운동은 바로 동전의 앞뒤와 같다.

　예부터 일들을 능수능란하게 처리하면 노련(老鍊)하다고 하였고, 훌륭한 리더십을 발휘하면 노숙(老熟)하다고 칭송하였다. 그래서 노형(老兄), 장로(長老), 노대가(老大家) 등은 존칭의 대표였다. 그런데 청춘 문화가 범람하고 기계 문명에 의한 이기가 등장하면서 노둔(老鈍)이 되고, 노쇠(老衰), 노약(老弱)이 되어 버렸다.

　고령인의 숫자가 점점 압도적으로 증가되어 가는 시점에 이르러 이제는 노인의 위상과 사회적 책임을 재검토하고 새롭게 조명하여야 할 때가 되었다. 늙음의 거룩함을 견지하기 위해서는 스스로의 노력이 선행되어야 하며 의존적이지 않은 당당한 독립적 삶을 영위하여야 한다. 그리고 세대 간의 간극에 대하여 대범한 자세가 필요하다.

노벨문학상 수상자인 버트런드 러셀이 《행복의 정복》에서 언급한 구절을 되새겨 보자. 연령의 한계를 벗어나 서로 당당하고 대등하여야 한다.

> 젊은이들이 나이 많은 사람의 삶을 좌지우지하려고 시도하는 경우가 있다. 홀로된 부모가 재혼하는 것을 반대하는 경우를 생각해 보라. 이것은 옳지 못한 행동이다. 마찬가지로 나이 많은 사람이 젊은이의 삶을 좌지우지하려는 것 역시 옳지 못하다.

초고령 시대를 맞게 되면서 나이 든 사람들이 은퇴한 이후 무위도

식하거나 연금 타령을 하면서 단순히 쉬거나 놀면서 지내는 모습들이 너무도 안타깝다. 이유야 어떻든 이런 노년의 삶이 바람직한가에 대한 문제를 던지지 않을 수 없다. 아무리 나이가 들어도 생의 마지막 순간까지 일하고 봉사하면서 세상에 기여하는 100세인들의 모습을 보면서 나이듦이 지향하여야 할 새롭고 밝은 방향을 보았다. 그리고 그것이 가능함을 보았다. 그리고 나이 든다는 것이 거룩한 일이라는 것을 깨닫게 되었다.

그동안 이러한 필자의 생각들을 여러 매체에 기고하였고 몇 권의 책도 출간하였다. 이미 발표한 책과 기고문 중에서 100세인의 삶을 투영하며 그 가치를 제고한 원고들을 모아 주제별로 나누어 다시 편집하였다. 샘터에서 발간한《100세인 이야기》에 실린 내용과 한경의《머니》지에 실린 원고,《동아비즈니스》,《시사저널》,《과학과 기술》,《과학문화포럼》 등에 실린 일부 원고들을 손질하였고 상당 부분은 새롭게 써서 본서를 만들었다.

이 책의 목적은 나이듦이 거룩한 일임을 알리고 생의 존엄과 독립을 생각하게 하는 데 있다. 100세인의 삶에서 생명 현상의 핵심인 생로병사 중 무엇 하나 문제없이 넘어가는 것이 있는가? 산다는 것은 문제투성이고 고통을 빚는 일의 연속이지만 그래도 생명을 거룩하게 보는 이유는 무엇인가? 어떠한 간난신고에도 생명을 지켜 내기 위하여 최선을 다하는 100세인의 삶이 숭고함을 보여 주기 때문이다.

아무리 나이가 들었어도 삶을 즐기고 당당하게 살아가는 노인들의 모습에 가슴이 벅차기까지 하다. 백 살이라는 나이는 상상하기도 쉽지 않았지만, 더욱이 그 나이에도 젊은 사람들과 마찬가지로 매일의 삶을 성실히 살아 내는 모습은 생명의 거룩한 현실이 아닐 수 없다. 그렇다면 나이듦도 거룩한 일 아니겠는가?

저자의 주요 저서 및 보고서

■ 저서와 논문

《행복한 100세시대》, 박상철 외, 국립의료원, 2019

《건강100세 장수식품이야기》, 박상철 외, 식안연, 2018

《생물학 명강 1》, 한국분자세포생물학회 편, 해나무, 2013

《당신의 백년을 설계하라》, 박상철, 생각속의집, 2012

《노화혁명: 고령화 충격의 해법》, 박상철, 하서출판사, 2010

《장보는 남편 요리하는 아버지》, 박상철 외, 하서출판사, 2009

《생명의 미학: 어느 생화학자의 뜻으로 본 생명》, 박상철, 생각의나무, 2009

《웰에이징》, 박상철, 생각의나무, 2009

《100세인이야기》, 박상철, 샘터, 2009

〈장수의학과 의료〉,《미래의학》, 김용일 편, 녹십자, 2009

〈기초의학은 신세계로 가는 길이었다〉,《기초의학과 나의 삶》, 권이혁 외, 신광출판사, 2009

〈노화와 장수〉,《의학과 의료》, 이길여 편, 나남출판사, 2008

《좋은 나라 노인은 걸음도 예쁘다》, 이심·금창태 외, 노년시대신문사, 2008

《장수보다 좋은 것은 없다》(대한노인회 경로당 교재 V5), 박상철, 대한노인회, 2007

《우리 몸의 노화》(제3기인생길라잡이 시리즈 V2), 박상철, 서울대학교출판부, 2007

《고령사회의 밝은 미래: 고령사회 대비를 위한 노인 복지정책 고찰》, (사)노인과학학술단체연합회 편, 아카넷, 2007

〈생물학적 노화〉,《현대노인복지정책론》, 황진수 외, 대영문화사, 2007

《한국의 장수인과 장수지역: 변화와 대응》, 박상철 외, 서울대학교출판부, 2007

〈새로운 서울, 고령사회 행복지수 극대화 방안〉,《당당한 노화: 개인의 노력과 역할》, 서울복지재단, 2006

《한국 장수인의 개체적 특성과 사회환경적 요인: 호남지방 장수벨트를 중심으로》, 박상철, 서울대학교출판부, 2005

《의학자114인이 내다보는 의학의 미래: 삶이 달라지고 있다》(한국의학원 총서 8), 유승흠 편, 한국의학원, 2003

《한국의 백세인》, 박상철, 서울대학교출판부, 2002

《장수의 비밀》, 박상철, 조선일보사, 2003

《우리춤체조 해맞이: 건강하게 멋지게 당당하게》, 박상철 외, 서울대학교 의학연구체력과학노화연구소, 1999

278

《건강보다 참된 것은 없다》, 박상철, 산학연, 1998

《생명보다 아름다운 것은 없다》, 박상철, 사회평론, 1996

〈알코올과 질병〉, 《절주하는 사회를 위하여》(건강생활 2013권 80호), 대한보건협회, 2000

《노인의 건강》, 보건복지부, 1997

〈기초의학분야 지망자의 길〉, 《의과대학졸업생의 진료설계》, 김용일 편, 서울대학교출판부, 1999

〈노화의 생물학〉, 《노인의학》, 서울대학교출판부, 1997

〈생명의 기본: 유전자〉, 《인간생명과학》, 박재갑 편, 서울대학교출판부, 1997

〈핵산의 구조〉, 《분자생물학회》, 한국분자생물학회 편, 아카데미서적, 1997

Healthy aging for functional longevity; molecular and cellular interactions in senescence, Park SC ed, Johns Hopkins University Press, 2002

"Aging alters the apoptotic response to genotoxic stress", Park SC et al., *Nature Medicine* 8(1) : 3 - 4 (2002)

"Chemical screening identifies ATM as a target for alleviating senescence", Park SC et al., *Nature Chemical Biology* 13, 616-623 (2017)

"Comprehensive Approach and Outcome of Korean Centenarian Studies", *Aging in Korea: Today and Tommorrow*(3rd ed), ed by Choi et al., Fed.Kor.Geron.Soc, 2013, pp. 290-303

"Current Status of Biomedical Research on Aging in Korea", *Aging in Korea: Today and Tommorrow*(3rd ed), ed by Choi et al., Fed.Kor.Geron.Soc, 2013, pp.112-118

"Role of caveolae and caveolin in cell shape, locomotion and stress fiber formation", Park SC·Cho KA, in *Lipid Rafts and Caveolae*, Fielding, Christopher J. ed., Wiley-VCH, 2006, pp. 195-204

■ 보고서

〈구곡순담 장수벨트지역 백세인 실태조사〉, 박상철 외, 2018

〈장수지역 장수요인과 고령친화 산업 발전방안 개발〉, 박상철, 보건복지부, 2009

〈한국형 노후생활 설계 교육 개발〉, 박상철, 보건복지부, 2008

〈고령사회 삶의 질 향상〉, 박상철, 국가과학기술자문회의, 2006

〈강원도 지역 장수 실태 조사보고서〉, 박상철, 강원도, 2004

〈미래고령사회대비 국가과학기술전략〉, 박상철, 한국과학기술한림원, 2004

〈장수벨트지역 실태조사 보고서〉, 박상철, 장수벨트 행정협의회, 2003

〈삶의 질 향상을 위한 과학기술 진흥방안〉, 박상철, 국가 과학기술자문회의, 1996

〈장수과학진흥 및 건강증진교육방안〉, 박상철, 보건복지부, 1998

당신의 100세,
존엄과 독립을 생각하다

1판 1쇄 2019년 7월 10일 발행
1판 2쇄 2024년 10월 25일 발행

지은이 • 박상철
펴낸이 • 김정주
펴낸곳 • ㈜대성 Korea.com
본부장 • 김은경
기획편집 • 이향숙, 김현경
디자인 • 문 용
영업마케팅 • 조남웅
경영지원 • 공유정, 임유진

등록 • 제300-2003-82호
주소 • 서울시 용산구 후암로 57길 57 (동자동) ㈜대성
대표전화 • (02) 6959-3140 　|　 팩스 • (02) 6959-3144
홈페이지 • www.daesungbook.com 　|　 전자우편 • daesungbooks@korea.com

ISBN 978-89-97396-93-1 (03300)
이 책의 가격은 뒤표지에 있습니다.